Margareta Bloom-Schinnerl studierte Literaturwissenschaft, Linguistik, Politologie und Philosophie an der Philipps-Universität in Marburg. Sie war freie Mitarbeiterin des Hessischen Rundfunks in Frankfurt am Main und des Deutschen Rundfunkarchivs. Von 1980 bis 1997 arbeitete sie als Publizistin und Rundfunkjournalistin ebenfalls in Frankfurt. Seit 1998 ist Margareta Bloom-Schinnerl Professorin für Medien und Journalismus an der Fachhochschule Osnabrück, Standort Lingen.

Margareta Bloom-Schinnerl

Der gebaute Beitrag

Ein Leitfaden
für Radiojournalisten

Praktischer Journalismus

Band 45

Die Deutsche Bibliothek – CIP-Einheitsaufnahme

Bloom-Schinnerl, Margareta:
Der gebaute Beitrag : ein Leitfaden für Radiojournalisten /
Margareta Bloom-Schinnerl. - Konstanz : UVK Verlagsges., 2002
(praktischer Journalismus ; Bd. 45)
ISBN 3-89669-300-X

ISSN 1617-3570
ISBN 3-89669-300-X

Satz: Manfred Horn, Bielefeld
Titeleinband: Tina Koch, Konstanz
Druck: Legoprint, Lavis

UVK Verlagsgesellschaft mbH
Schützenstr. 24 · D-78462 Konstanz
Tel.: 07531-9053-0 · Fax: 07531-9053-98
www.uvk.de

Inhalt

1.   Einleitung: »Das Salz in der Suppe«

»Die gebauten Beiträge sind das Salz in der Suppe des Radios« – sagt Rainer Volk, Redakteur beim Bayerischen Rundfunk. Einen gebauten Beitrag kann man schnell mal »hinhauen« oder man kann auch ein kleines Kunstwerk daraus machen.

Der gebaute Beitrag: was ist das eigentlich? Kurz gesagt: Er ist eine Montage aus Autorentext, Originalton, Atmosphäre, Geräusch und Musik. In einigen Sendehäusern wird er auch Bericht mit Originalton genannt oder Bericht mit Einspielung, BmO oder BmE. Jedenfalls ist er für Radiojournalisten eine der gebräuchlichsten und am häufigsten eingesetzten journalistischen Darstellungsformen. Sowohl öffentlich-rechtliche als auch wortorientierte private Hörfunkhäuser bestücken ihre Programme mit gebauten Beiträgen.

1.1   Baustelle Hörfunk

Das Medium hat viele Hörer

Bis zu 84 Prozent aller Bundesbürger schalten täglich ihr Radio ein – und das durchschnittlich für dreieinhalb Stunden. Damit ist und

bleibt der Hörfunk das meistgenutzte Medium. Allerdings ist der Hörfunk mittlerweile zweifellos ein Begleitmedium geworden. Nebenbei
wird gegessen, gearbeitet, Auto gefahren.
Und: Radio hat Zukunft. Amerikanische Untersuchungen belegen,
dass das leicht anzuklickende Radio das Begleitmedium der Compu-
ter- und Internet-Nutzung ist. Auf diese Eckdaten – es wird viel Radio
gehört, aber vorwiegend nebenbei – hat sich die Programmplanung
und -produktion einzustellen.

Trend: öffentlich-rechtlich ist im Kommen

Seit der Dualisierung des Rundfunksystems 1984 hat sich der Hörfunk in seiner Gesamtheit drastisch verändert. Die Entwicklung hat
zu einer Vervielfachung der Programmangebote geführt, zu gravie-
renden Verschiebungen auf Hörerseite, zur Verteuerung aller Programme und – infolgedessen – zu einem scharfen Wettbewerb um
Hörer.
Der Trend in jüngster Zeit: die Radio-Programme der ARD-Anstalten
haben Hörer hinzugewonnen und ihren Vorsprung vor der privaten
Konkurrenz vergrößert. Das schließt die wortreichen öffentlich-
rechtlichen Programmangebote mit ein – also auch jene Programme,
in denen gebaute Beiträge einen breiten Raum einnehmen.

Gebaute Beiträge = das Salz in der Suppe

Welche Rolle nun spielt der gebaute Beitrag im Geflecht dieser Entwicklungen? Welche Vorzüge bietet er und wo zeigen sich Nachteile
gegenüber anderen Sendeformen? Klar ist, dass die Form des gebauten Beitrags folgende Möglichkeiten bietet:

- lebendige Darstellung
- komprimierte Information
- authentische Aussage
- farbige Illustration

Der gebaute Beitrag kann lebendig, witzig und informativ sein. Die Kehrseite der Medaille: Meistens ist er auch arbeits- und kostenintensiv. Weitere Antworten und vertiefende Einblicke will das vorliegende Buch geben.

1.2   Ein Buch für Anfänger und Profis

Zielgruppen

Bisher gibt es kaum Literatur zu diesem Thema. In einigen Radio-Handbüchern werden dem gebauten Beitrag zwar einige Seiten gewidmet, aber nirgends wird dieser Darstellungsform in komplexer Weise Rechnung getragen. Und erst recht kann die vorhandene spärliche Literatur keine diesbezüglichen Praxisanleitungen geben.

Das Buch richtet sich an:

- Studenten
- Berufsanfänger und Journalisten, die das Medium wechseln
- erfahrene Radiojournalisten
- Redakteure und Programmplaner

Zielgruppe sind auf der einen Seite Studierende, Berufsanfänger und Printjournalisten, die auf der Suche sind nach grundlegenden Informationen, Anweisungen und Anregungen für die Praxis. Zielgruppe auf der anderen Seite sind aber auch erfahrene Radiojournalisten, Redakteure und Programmplaner, die aus ihrem Berufsalltag heraus auf der Suche nach neuen Anstößen sind.

Empirische Untersuchung

Ein Buch für Profis ist es auch deshalb, weil der vorliegenden Veröffentlichung eine empirische Untersuchung von Radioprogrammen
öffentlich-rechtlicher und privater Provenienz zu Grunde liegt. Die
empirische Untersuchung besteht aus einer Tagesanalyse aller gesendeten gebauten Beiträge verschiedener ausgewählter Hörfunkprogramme, die sich durch Programmstruktur und Zielgruppen voneinander unterscheiden.

Zu den ausgewerteten Programmen zählen:

- Antenne Bayern
- B5
- DLF
- HR1
- Hundert,6
- NDR1
- Radio3
- RB2
- SWR3

Folgende Parameter wurden erhoben:

- Länge des Beitrags
- Platzierung im Programm
- Thema des Beitrags
- Form, Länge und Stil der Anmoderation
- graphische Darstellung der einzelnen Elemente des Bei-
  trags (Autorentext, Originaltöne, Atmosphäre, Geräusche,
  Zitate, Musik, Stille)
- dramaturgischer Aufbau
- Anzahl der Interviewpartner (männlich/ weiblich)
- Form des Einstiegs
- Form des Antextens der Originaltöne

- Funktion der Originaltöne im Beitrag (dramaturgische Funktion, höhere Aussagekraft, Authentizität oder Hervorhebung)
- Abmoderation (ja/ nein)
- subjektive Wirkungsanalyse

Aus den erhobenen Daten sollten Antworten gefunden werden auf Fragen wie:

- In welchen Programmen taucht der gebaute Beitrag am häufigsten auf (differenziert nach Zielgruppe, Musikfarbe, Wortanteil)?
- Welche Inhalte und Themen lassen sich im gebauten Beitrag besonders gut und welche eher schlecht transportieren?
- Welche Formen des dramaturgischen Aufbaus gibt es für den gebauten Beitrag?
- Welcher dramaturgische Aufbau eignet sich für welches Programm?
- Welche Länge ist adäquat in welchem Programm?
- Wie viele Interviewpartner und wie viele Originaltöne verträgt ein gebauter Beitrag mit optimaler Verständlichkeit und Wirkung?
- Welche Funktion haben Atmosphäre und Geräusche?
- Gibt es zukunftsweisende experimentelle Varianten?

Dankesworte

Dank gilt zum einen den öffentlich-rechtlichen und den privaten Hörfunkredaktionen, die die empirische Untersuchung unterstützt haben. Besonderer Dank gilt den Redakteuren und Autoren, die für Interviews zur Verfügung standen. Ihr Scherflein beigetragen haben aber auch die Studierenden des Instituts für Kommunikations-Management an der Fachhochschule Osnabrück. Schlussendlich und ganz besonders gedankt sei Manfred Horn, unermüdlicher, kompetenter und fähiger FH-Mitarbeiter des Projekts.

Ante Scriptum

Die Autorin des vorliegenden Buches hat sich für die gebräuchliche, meistens männliche Form der Substantive entschieden aus Gründen der leichteren Lesbarkeit. Es sind jedoch grundsätzlich Redakteure und Redakteurinnen, Autoren und Autorinnen, Journalisten und Journalistinnen, Hörer und Hörerinnen, Interviewpartner und Interviewpartnerinnen, Mitarbeiter und Mitarbeiterinnen gemeint.

2. Beliebt, aber nicht beliebig –
Zum Wesen eines gebauten Beitrags

Definition

Der gebaute Beitrag ist – im Idealfall – eine hörbar gelungene Mischung aus Text, Originaltönen und anderen akustischen Elementen. Sein Charakter: emotional, atmosphärisch, witzig oder informativ. Er ist »eine journalistische Darstellungsform, die sachliche Informationen, originale Aussagen und die spezifische Atmosphäre des Umfeldes zu einem Eindruck verdichtet, der beim Hörer das Gefühl der Teilhabe an einem Ereignis oder Prozess hervorruft« – so die pointierte Definition von Brigitte Schubert-Riese, Redakteurin bei Radio3 in Hamburg.

Hartnäckig kursieren Gerüchte von festen Längenvorgaben von Seiten der Privatsender und der öffentlich-rechtlichen Programme. Nicht länger als 1'30 Minuten dürfe der gebaute Beitrag im Privatradio sein und im öffentlich-rechtlichen, da dürfe der gebaute Beitrag schon mal drei Minuten lang sein. Diese festen Zeitvorgaben gibt es so nicht – sie finden sich höchstens als Richtwert. Die meisten gebauten Beiträge sind tatsächlich zwischen einer und vier Minuten lang.

Bausteine

Aus welchen Elementen besteht der gebaute Beitrag? Die beiden konstituierenden Bausteine sind:

- Autorentext
- Originalton (O-Ton)

Ohne Autorentext und ohne Originalton kein gebauter Beitrag. Weitere akustische Elemente können in den Beitrag eingebaut werden:

- Atmosphäre (Atmo)
- Geräusch
- Musik
- Zitat
- . Stille

Vorzüge

Die größte Stärke des gebauten Beitrags liegt in der Vielfalt seiner Darstellungs- und Konstruktionsmöglichkeiten. Der Autor hat unzählige Möglichkeiten, sein Thema spannend und radiogerecht aufzuarbeiten. Mit Atmo, Musik, Originaltönen und Text kann er alle Facetten seines Themas hörbar machen, Spannung und im besten Fall so etwas wie Kino im Kopf erzeugen. Die verschiedenen akustischen Elemente vermögen in ihrer Kombination das Beste aus einem Thema »herauszuholen«. Andere Beitragsformen – wie zum Beispiel das Interview oder der Bericht – sind in ihrer Darstellungspalette vergleichsweise beschränkt.
Roland Machatschke in seinem Aufsatz über den Bericht im Radio (1996):

> »Ein gut gebauter Beitrag geht dem Hörer besser ins Ohr als ein geschriebener und im Studio verlesener Beitrag und bereitet dem Radio-Journalisten selbst meist mehr Freude bei der Produktion als andere Darstellungsformen.«

Gebaute Beiträge können ausgesprochen sachlich und informativ sein. Sie können aber auch einen sehr emotionalen Charakter haben und viel Atmosphäre transportieren. Sie sind in der Lage, dem Zuhörer einen sinnlichen Zugang zu allen Orten der Welt zu verschaffen. Welchen Charakter ein gebauter Beitrag hat, das hängt sowohl vom Thema als auch von formalen Elementen ab. Ein Beitrag über eine Bundestagsdebatte ist thematisch von vornherein sachlicher als etwa ein Beitrag über eine Demonstration auf der Straße oder über das Festival eines Popstars. Wer einen gebauten Beitrag über eine Bundestagsdebatte produziert, der wird möglicherweise zunächst seinen Text schreiben und dann versuchen, einige brauchbare Statements von Politikern zu bekommen, die er dann als Originalton einbaut. Wer einen Beitrag über eine Demonstration auf der Straße macht, der wird sich von vornherein bemühen, die Atmosphäre mit dem Mikrofon einzufangen und Originaltöne von Betroffenen zu bekommen. Wer einen Beitrag über ein Popfestival macht, der wird versuchen, das Element Musik mit einzubauen.

Axel Buchholz bringt die Vorzüge des gebauten Beitrags in seinem Kompendium Radio-Journalismus (2000) prägnant auf den Punkt:

> »Berichte mit O-Ton sind eine beliebte Darstellungsform geworden. Kein Wunder: Sie sind weniger weitschweifig als das bei Interviews der Fall sein kann und weniger trocken als reine Berichte. Die Prägnanz des Berichts und die Authentizität und Lebendigkeit des O-Tons verbinden sich im O-Ton-Bericht zu einer radiophonen Form, die sich nicht nur für die aktuelle Berichterstattung in den sog. ›schnellen Wellen‹, sondern auch für fast alle Ressorts der sog. Einschaltprogramme eignet«.

Abgrenzungen

Definitionen im Journalismus haben nichts gemeinsam mit der Gewissheit, Unbestechlichkeit und Bequemlichkeit mathematischer Formeln. Vielmehr leisten sie eine Annäherung an inhaltliche und formale Kriterien. Grenzen sind fast immer fließend. Das gilt auch für den gebauten Beitrag. Dennoch sind begriffliche Schärfungen natür-

lich sinnvoll und erstrebenswert im Hinblick auf ihre Praxistauglich-
keit – und um einen Diskurs zu ermöglichen.

In diesem Sinne ist der gebaute Beitrag abzugrenzen von:

- Nachrichtenmeldung mit O-Ton
  Von der Nachrichtenmeldung unterscheidet sich der gebaute Beitrag nicht nur durch die Möglichkeiten der zu-
  sätzlichen Elemente, sondern auch durch die persönliche
  Diktion des Autors, die in der Nachrichtenmeldung eben
  nichts zu suchen hat. Weiteres Kennzeichen: die Nachrichtenmeldung ist fast immer unter einer Minute lang und
  bietet einen, maximal zwei Originaltöne.

- Reportage
  Das Element der Schilderung, das bei der Reportage von
  vorrangiger Bedeutung ist, grenzt die Form vom gebauten
  Beitrag ab. Reportagen können live über den Sender gehen
  oder in gestalteter und bearbeiteter Form. Ihre Elemente
  sind – ähnlich wie beim gebauten Beitrag – Originaltöne,
  Interviews, Atmo – vor allem aber die Beschreibung durch
  den Autor. In der Reportage ist die subjektive Sicht des Autors wichtiger als beim gebauten Beitrag. Bei aktuellen
  Themen, bei denen es auf das Geschehen oder den Ort
  ankommt und ein Reporter vor Ort sein kann, ist die Reportage zu bevorzugen. Und: Die Live-Reportage vor Ort
  ist wesentlich schneller als ein gebauter Beitrag.

- Feature
  Wenn man Verwandtschaftsverhältnisse herstellen will, so
  lässt sich der gebaute Beitrag als kleiner Bruder des großen
  Features einordnen.
  Heinz Schwitzke, Pionier der Hörspiel-Entwicklung in den
  50er Jahren, bezeichnete das Feature als einen Versuch,
  mit allen zu Gebote stehenden epischen, szenischen oder
  Reportagemitteln, poetisch und journalistisch, illustrativ
  und demonstrativ einen Komplex aus Wirklichkeit aufzubauen.

Es gibt keine exakte Definition des Begriffs Feature. Um es an einem Beispiel deutlich zu machen: Es geht um das Thema »Lebenslängliche in der Justizvollzugsanstalt«. Der Autor führt Gespräche und Interviews mit Gefängniswärtern, mit dem Direktor, mit der Putzfrau, mit der Sozialarbeiterin, mit den Gefangenen, mit ihren Angehörigen, mit dem Pfarrer, mit Besuchern. Der Autor versucht, möglichst viel Atmo und Geräusche mit seinem Mikrofon einzufangen – ein Schlüssel dreht sich im Schloss, eine Tür fällt zu, eine Tür wird geöffnet, Geräuschpegel im Essensraum beim Mittagessen, Pfarrer in der Akustik der Kirche, Vogelgezwitscher auf dem Innenhof. Zu Hause wird das gesammelte Material ausgewählt, durch Texte verbunden, kommentiert und mit eigenen Beobachtungen ergänzt.

Was für die Reportage gilt, nämlich, dass die subjektive Sicht des Autors wichtiger ist als beim gebauten Beitrag, das gilt erst recht für das Feature. Hier ist die subjektive Feder des Autors geradezu Definitionsmerkmal.

Magazine

Magazinredakteure müssen täglich neu entscheiden, mit welchen Themen, aber auch mit welchen journalistischen Formen sie ihr Programm bestreiten. Im Hörfunkarsenal stehen grundsätzlich zur Verfügung:

- gebauter Beitrag
- Interview
- Korrespondentenbericht
- Hintergrundgespräch
- Streitgespräch
- Reportage
- Umfrage
- Einsatz von Ü-Wagen
- Rückgriff auf Archivaufnahmen
- Nachricht
- Bericht

- Kommentar
- Glosse

All das sind Bestandteile des verfügbaren Formen-Fundus für ein Magazin. Die einzelnen Beiträge eines Magazins können durch Musik getrennt sein, müssen es aber nicht zwangsläufig. Magazine lassen sich differenzieren in:

- offene Magazine
  Im offenen Magazin sind unterschiedliche Formen und Themen möglich. Oft werden bunte, kurze und vor allem unterhaltsame Inhalte hineingepackt
- monothematische Magazine
  Im monothematischen Magazin gibt es ein bestimmtes, eingegrenztes Thema, das aus unterschiedlichen Perspektiven behandelt wird – oft in verschiedenen journalistischen Formen. Entwicklungen, Hintergründe, Nebenaspekte, Zukunftsperspektiven – all das kann Platz finden
- Sparten-Magazine
  Im Sparten-Magazin werden verschiedene Themen aufbereitet in einer bestimmten Sparte. Beispiel: Wirtschaftsmagazin, Kulturmagazin, Politikmagazin, Frauenmagazin

Das subjektive Moment

Gehört der gebaute Beitrag nun zu den Darstellungsformen, die tatsachen- oder meinungsbetont sind?
Er bewegt sich genau auf der Grenze, entzieht sich klaren Definitionsversuchen und experimentiert vielfach mit subjektiven Elementen. Was dieser Darstellungsform oft zu ausgeprägter Attraktivität und Kurzweiligkeit verhilft. Es ist also eine kluge Entscheidung – da, wo es passt – Subjektives miteinfließen zu lassen.
Möglicherweise ist sogar die Differenzierung der Synonyme angebracht – gebauter Beitrag versus Bericht mit O-Ton (BmO) oder Bericht mit Einblendung (BmE). Der Bericht mit O-Ton respektive Einblendung ist der eher tatsachenbetonte. Also: sachliche Informationen, keine wertenden und kommentierenden Zusätze des Autors.

Hier ist die Form nicht mehr kleine Schwester der Reportage, sondern großer Bruder der Nachricht.

Der gebaute Beitrag kann alle akustischen Elemente einsetzen, um dem Hörer das Thema in kürzester Zeit so interessant, kurzweilig und informativ wie möglich nahezubringen. Es gibt keine Rezepte und Regeln für die Gewichtung der einzelnen Elemente. Das hängt in erster Linie vom Thema ab und auch von den Format-Vorgaben.
Wie lang soll der Beitrag sein? Darf er schrill sein oder eher gemäßigt? Welches Tempo darf er vorlegen?

2.1   Autorentext

Der Autorentext – meistens beansprucht er die Hälfte der Anteile respektive der Zeit für sich – ist das Gerüst des gebauten Beitrags. Er liefert den Rahmen, bietet zusammenfassende Erklärungen und hat ganz klar die Funktion des roten Fadens. Darüber hinaus muss er für den logischen Aufbau des Beitrags sorgen und die Originaltöne einführen.
Der Autorentext muss packend und mitreißend sein, keinesfalls nur die Verbindung zwischen zwei Originaltönen. Ein Autorentext, der sich darauf beschränkt, die Originaltöne in dürftiger Weise anzutexten, ist miserabel. Der Autorentext kann sachlich sein, aber auch stimmungsvoll – das hängt vom Thema und vom Sendeplatz ab.

2.2   Originalton

Für gewöhnlich ist eher die Rede vom O-Ton als vom Originalton. Amüsant ist die Definition des Originaltons von x-beliebigen Passanten, die Axel Buchholz in seinem Beitrag »Bericht mit O-Ton« (2000) zitiert:

Reporter	Wissen Sie, was ein O-Ton ist?
Passanten	Nee, keine Ahnung!
	O-Ton? Ich nehme an, das ist ein Selbstlaut, der nach dem A-Ton kommt?
	Ein O-Ton – nee, tut mir leid!
	Nee, ich nich verstehn, ich Italiener.
	Da müssen Sie mir erst sagen, ob das naturwissenschaftlich ist oder überhaupt von den Naturwissenschaften kommt.
	Ein O-Ton? Einen Ton mit einem O gibt es nicht.

Warum Originaltöne?

Was ist der O-Ton nun tatsächlich? Ein Tondokument, eine authentische Wortaufnahme. Beispiele: Ausschnitte aus Interviews, Pressekonferenzen, Reden, Statements. Warum nimmt man O-Töne? Man könnte die Informationen, die der Originalton transportiert, ja auch einfach in den Autorentext des Berichts einbauen.

Für die Wahl eines Originaltons gibt es viele Gründe:

- Er hat eine dramaturgische Funktion, schafft schlicht und einfach Abwechslung. Aus Untersuchungen weiß man, dass im Medium Hörfunk die Aufmerksamkeit des Hörers nach zwei bis drei Minuten absinkt. Dem kann man entgegen steuern durch Abwechslung in der Gestaltung. Das heißt bezogen auf den O-Ton, aber auch auf den Stimmwechsel oder Akustikwechsel: Er verschärft die Aufmerksamkeit des Hörers

- Er hat oft eine höhere Aussagekraft als ein geschriebener Text. Wie sagt jemand etwas: zögerlich? Entschieden? Zornig? Beim Print-Zitat gibt der Autor den Inhalt wieder und kann erzählen, dass derjenige Mensch, der da etwas gesagt hat, sehr nervös wirkte, eine laute Stimme hatte oder aber eine leise, zögerliche. Im Hörfunk wird das durch den O-Ton direkt transportiert. Der Hörer kann sich auf Grund der Stimme ein eigenes Bild von dem Menschen machen

- Der O-Ton ist besonders glaubwürdig, also authentisch. Indem der Autor sich dafür entscheidet, eine bestimmte Aussage nicht im Text zu machen, sondern diese Aussage im O-Ton zu bringen, unterstreicht er ihre Glaubwürdigkeit und Authentizität. Hört: so hat der Interviewpartner das wirklich gesagt!

- Der O-Ton hebt eine Aussage besonders hervor beziehungsweise auch den, der etwas sagt. Wenn der Autor eine bestimmte Aussage nicht in seinen Text packt, sondern sie eben via O-Ton transportiert, misst er ihr eine besondere Bedeutung bei, hebt den Inhalt hervor

Neben diesen vier fundamentalen Funktionen – dramaturgische Funktion, höhere Aussagekraft, Authentizität und Hervorhebung – gibt es eine Reihe weiterer Gründe, sich für einen Originalton zu entscheiden:

- Beleg für Autorenaussage
- Aussagekraft durch Expertenmeinung
- Auflockerung
- Bestätigungsfunktion
- Originäre Aussage
- Erklärungsfunktion
- Kritikfunktion

Ganz grundsätzlich hat der Originalton im gebauten Beitrag eine vergleichbare Wirkung wie das wörtliche Zitat oder das illustrative Bild im Print-Medium. Er macht einen Bericht lebendig und anschaulich.

Beispiel O-Ton

Bei dem folgenden Auszug aus einem gebauten Beitrag über eine neue Kampfhundeverordnung handelt es sich um ein sehr einprägsames und plakatives Beispiel für die starke Wirkung von O-Tönen.
Es geht um eine neue Hundeverordnung in Berlin, um den geplanten Maulkorb- und Leinenzwang für etliche Rassen. Vor dem Berliner Rathaus findet eine Demonstration einer empörten Elterninitiative statt, die weiterreichende Verbote fordert. Die Stimmung eskaliert, weil zwei Kampfhundebesitzer zu den Demonstranten stoßen – ohne Hunde, aber mit Transparenten. Der Tumult, der sich zwischen Kampfhundebesitzern und Kampfhundebekämpfern entzündet, wird in dem Originalton wunderbar eingefangen. Ab einem bestimmten Punkt können die einzelnen Stimmen kaum noch vom Zuhörer getrennt werden. Es wird sehr viel von der vor dem Rathaus herrschenden Stimmungslage übertragen.

O-Töne (gleichzeitig, Stimmengewirr)

Haben Sie schon mal ein Kind gesehen, dass verblutet ... von einem Kampfhund gebissen ... Nehmt euren Hund von Anfang an an ne Leine. Anfang an Maulkorb, dann wäre das alles nicht passiert ... Haben Sie Kinder? – Ich habe keine Kinder ... Ich habe gesehen, wie die Pitbulls und Rottweiler die Kinder angegriffen haben ... Gegen die Züchter vorgehen, mit der aggressiven Zucht ... Ich persönlich finde auch schrecklich, was passiert ist, aber ich finde genauso schrecklich, dass ich jetzt von Ihnen allen angemacht werde, weil ich mir vor ein paar Jahren einen Hund angeschafft habe. Ein Pitbull habe ich deswegen, weil alle Tierheime voll sind, und weil die Leute ...

Sprecher

Der Rest geht unter. Die Emotionen kommen hoch. Und das werden sie wohl auch noch in den kommenden Wochen.

(Quelle: Hundert,6 – »Kompakt am Abend«, gebauter Beitrag über Kampfhunde-Verordnung von Torsten Gabriel)

2.3   Atmosphäre

Das unter Hörfunkjournalisten gebräuchliche Kürzel für Atmosphäre ist Atmo. Gemeint sind damit die Akustik des Aufnahmeortes und die Umgebungsgeräusche. Atmo ist bildlich gesprochen die Farbe für das Radiogemälde. Sie ist eines der wirkungsvollsten Mittel, um die Fantasie des Hörers anzuregen, seine Gefühle anzusprechen, seine Stimmungen zu erzeugen. Atmo vermittelt den Eindruck unmittelbarer Teilhabe an dem Geschehen.
Gewarnt sei allerdings davor, zu viel Atmo einzusetzen und damit das ganze Hörstück vollzupflastern. Atmo muss dosiert eingesetzt werden.

Beispiel Atmo

Folgendes Beispiel zeigt den Einsatz von Atmo zu Beginn eines gebauten Beitrags. Hintergrund: die rasant wachsenden Probleme der großen Städte dieser Welt. Das wird zum Anlass genommen, eine Bestandsaufnahme von Kairo, der Metropole Ägyptens, vorzunehmen, um beispielhaft die massiven Probleme der Stadt-Moloche aufzuzeigen. Der Beitrag beginnt mit Atmo, mit lauten Straßengeräuschen, so dass der Hörer unweigerlich hineingezogen wird in die laute und stinkende Stadt.

Anmoderation

(...) Kairo ist so eine Stadt, ein Moloch, der für 15 Millionen Menschen täglicher Lebensraum ist und der auf der Kippe zwischen Umbruch und Zusammenbruch steht. Martin Durm mit einer Bestandsaufnahme aus Ägyptens Metropole.

Atmo (Straßengeräusche, Autoverkehr, Hupen, quietschende Bremsen)

Sprecher

Jeden Tag schiebt sich eine Blechmoräne über die Stadt. Busse, LKW, Ta-
xis und Eselskarren verkeilen sich an Kreuzungen ineinander. Lärm und
Abgasgestank haben schon manchen in den Wahnsinn getrieben. (...)

(Quelle: B5, »Aktuell«, gebauter Beitrag über Kairo von Martin Durm)

Hier eignet sich nichts besser als authentische Atmo, um das Ausmaß
dieses Zustandes akustisch zu transportieren. Die Atmo verstärkt die
Worte des Sprechers um ein Vielfaches und macht die laute Groß-
stadtatmosphäre sinnlich fassbar.

2.4   Geräusche

Geräusche sind spezifische Töne, die der Hörer erkennen und identifizieren kann. Beispiele: Straßenbaumaschinen, ein schreiendes Baby,
schnatternde Gänse, ein startendes Flugzeug.

Bei dem Einsatz von Geräuschen ist vor allem darauf zu achten, dass
sie identifizierbar sein müssen. Es gibt viele Geräusche, die – wenn
sie für sich allein stehen – vom Hörer überhaupt nicht erkannt werden können. Erst der Zusammenhang, der Originalton oder ein Hinweis im Text machen das Geräusch identifizierbar. Wer unsicher ist,
sollte das Geräusch jemandem vorspielen – ohne erklärende Worte –
und ihn fragen, was das soeben Gehörte ist.
Auch wenn es realistische Geräusche sind, mit dem Mikrofon in der
Wirklichkeit eingefangene, kann man sich in keiner Weise auf die
Eindeutigkeit der Töne verlassen.

Beispiel Geräusch

Versuchen Sie einmal, sich folgende Geräusche vorzustellen:

- Wasserfall
- Beifallssturm
- Gewitterregen
- Brausebad

Mit ziemlicher Wahrscheinlichkeit sind diese Geräusche, wenn sie ohne stützendes Wort in den Beitrag eingebaut werden, nicht eindeutig zu erkennen. Autorentexte, die die Geräusche identifizierbar machen, könnten ganz schlicht folgende sein:

- Wasserfall

  Sprecher

  Eine touristische Attraktion, die Wasserfälle von ...

- Beifallssturm

  Sprecher

  Nach der Vorstellung gab es langanhaltenden Applaus.

- Gewitterregen

  Sprecher

  Erst nachdem ein heftiger Gewitterregen einsetzte, war die größte Gefahr für die Bewohner des Trockengürtels gebannt.

- Brausebad

  Sprecher

  Der Durchschnittsdeutsche stellt sich dreimal pro Woche unter die Dusche.

In Verbindung mit dem jeweiligen Text sind die Geräusche eindeutig zu erkennen.

Stärken der Geräusche

- Sie illustrieren und machen den Text anschaulich. In einem Bericht über Bahnhöfe bieten sich zum Beispiel Aufnahmen von einfahrenden Zügen und Trillerpfeifen an

- Sie können Stimmungs- und Gefühlslagen erzeugen. Höllischer Maschinenlärm, trabende Pferdehufe auf Kopfsteinpflaster, startende Flugzeuge oder vertrautes Geklapper von Kaffeetassen rufen jeweils unterschiedliche emotionale Wirkungen beim Hörer hervor

- Sie können ein bedeutungstragendes Element im gebauten Beitrag sein. Wenn nach einem hitzigen Wortgefecht eine Tür ins Schloss fällt, so ist dem Hörer klar, dass einer der beiden Kontrahenten das Feld geräumt hat

Geräusche werden im Übrigen häufig nicht vor Ort aufgenommen, sondern stammen aus Tonarchiven. Die Sendehäuser verfügen über umfangreiche Ton-, Schall- und Geräuscharchive. Außerdem gibt es inzwischen ganze CD-Sammlungen mit Geräuschen zu kaufen.

2.5   Musik

Dieses Element bietet sich vor allem da an, wo es inhaltlich und thematisch um Musik geht. So ist zum Beispiel völlig klar, dass in einem gebauten Beitrag über Tina Turners Deutschland-Tournee ihre Musik dabei sein muss, dass in einem Beitrag über Louis Armstrongs 100. Geburtstag »What a wonderful world« nicht fehlen darf.
Klar auch, dass durch das Element Musik vorzüglich Stimmungslagen transportiert werden können. Ein gebauter Beitrag über jüdische Kultur in Krakau erfährt erst durch Klezmermusik seine spezifische Note.

Weiteres Beispiel: ein gebauter Beitrag über das Museum für Musikinstrumente in Brüssel. Da geht es um die Geschichte dieses Museums und um einzelne Musikinstrumente wie Dudelsack, Hackbrett, Leier, Laute, Gitarre und Trommel. Dieser Beitrag schreit förmlich nach akustischem Ausdruck. Musik ist tragendes Element dieses Beitrags.

Beispiel Musik

Lesen Sie den folgenden Text von Rainer Puchert aufmerksam und stellen sich vor, ihn im Radio zu hören:

> Auf den Dächern der parkenden Autos glitzern Regentropfen. Unruhig schwankt der Lichtkreis einer Straßenlampe auf dem dunklen Asphalt auf und ab. Weiter hinten zuckt lautlos das gelbe Blinken einer Verkehrsampel an den Hauswänden in die Höhe. Die Sterne werden blasser. Ein zartes Rosa glimmt hinter den Dächern auf.

Jetzt lesen Sie den Text noch mal mit Kenntnis der Regieanweisung:

> »Morning has broken« von Cat Stevens, Text weich gesprochen

Mit etwas Mühe und Vorstellungskraft dürfte klar werden, dass der Text durch die Einblendung des Cat Stevens-Songs einen anderen Charakter bekommt, eine andere Stimmung transportiert.

Zu viel der Musik

Klar erkennbar ist die Tendenz der Privatsender, beim Wortanteil mit sehr viel Musik zu arbeiten. Das gilt für Meldungen, Nachrichten, Moderationen und auch für den gebauten Beitrag. Bei Antenne Bayern etwa wird die Stimme häufig mit Musik unterlegt, wenn der Beitrag mit einem Autorentext beginnt. Musik ist dort ein wichtiges Element sowohl in der Anmoderation als auch beim Beitragseinstieg.

Gerade das Element Musik sollte sparsam dosiert werden. Es gibt täglich gebaute Beiträge im Hörfunkprogramm, in denen die Musik vom Thema ablenkt – insbesondere dann, wenn Musik als Teppich unterlegt wird und das gesprochene Wort darauf sprichwörtlich versickert. Das Element Musik sollte das Thema unterstützen, nicht verwässern.

2.6   Zitate

Zitate stehen von ihrer Funktion her zwischen den beiden Elementen Autorentext und Originalton. Ein Zitat ist kein Autorentext, weil es die wörtliche Rede eines anderen Menschen wiedergibt. Ein Zitat ist aber auch kein Originalton, da es von einer anderen Stimme gesprochen wird und nicht original aus dem Munde desjenigen zu hören ist, der da nun eben zitiert wird.
Auf ein Zitat muss der Autor zwangsläufig zurückgreifen, wenn der Mensch nicht mehr lebt, dessen Aussage so profund ist, dass sie in den gebauten Beitrag mit einfließen soll. Ein weiterer Grund für ein Zitat: Ein Interview ist nicht möglich aus zeitlichen, örtlichen oder organisatorischen Gründen.
In den meisten Fällen wird ein Zitat von einem zweiten Sprecher gelesen. So ist es auf Anhieb als eigenständige, vom Autorentext losgelöste Sequenz zu erkennen und dient der Abwechslung im dramaturgischen Aufbau.

Vorzüge des Zitates

- Es hebt den Inhalt hervor
- Es unterstreicht die Glaubwürdigkeit
- Es gibt Hintergrundinformation
- Es transportiert markante Formulierungen

Beispiel

Folgendes Beispiel zeigt den sinnvollen Einsatz eines Zitates in einen gebauten Beitrag. Thema: der Poesieautomat von Hans Magnus Enzensberger, der auf Knopfdruck eigenständig Gedichte zusammenreimt. Einer dieser zufällig generierten Texte der Gedichtmaschine ist als Zitat in den Beitrag integriert.

Sprecher (zitiert)

Überflüssige Erpressungen in den Gremien. Diesen fabelhaften Kunstgenuss am Wochenende und diese langatmigen Fluchtversuche. Beneidenswert. Dabei bedauern wir das schon. Heute Abend allerlei weiche Proteste. Ununterbrochen sublimieren.

Atmo (rauschender Beifall)

Sprecher

Die Einweihung der Tafel am Samstag war ein Großereignis in unserer vor Langeweile fast krepierenden Kultur. (...)

(Quelle: RB2, »Journal am Abend«, gebauter Beitrag über Hans Magnus Enzensbergers Poesieautomaten von Burkhard Müller-Ullrich)

2.7   Stille

Da der gebaute Beitrag meistens nicht länger als ein paar Minuten ist und damit eine relativ kurze Form, spielt das Element Stille hier eine untergeordnete Rolle. Der Vollständigkeit halber jedoch sei es erwähnt, weil es ein genuines radiofonisches Element ist, das dramaturgisch wirkungsvoll eingesetzt werden kann. Das geschieht vor allem in den längeren Formen wie Feature und Hörspiel.

Stille im rein akustischen Medium kann machtvoll wirken. Wenn auf der Bühne Schweigen herrscht, sieht der Zuschauer trotzdem den Spielraum und die agierenden Schauspieler. Im Film ist es ähnlich. Längere Filmpassagen, in denen weder ein Wort gesprochen wird noch ein Geräusch ertönt, sind durchaus nicht selten. Trotzdem kann sich auf der visuellen Ebene viel ereignen. Anders im Hörfunk, dem rein akustischen Medium. Hier ist die Stille absolut.

Stille kann

- eine besinnliche Atmosphäre erzeugen
- die Spannung und Anteilnahme erhöhen
- die Fantasie beflügeln
- den Atem anhalten lassen, Entsetzen schüren

Beispiele Stille

Ein Beispiel für den wirkungsvollen Einsatz der Stille stammt aus dem Hörspiel »Philemon und Baucis« von Leopold Ahlsen. Es handelt zur Zeit des Zweiten Weltkrieges. Ein altes, griechisches Bauernehepaar wird in den Partisanenkampf verwickelt. In der Nähe ihrer Hütte werden deutsche Soldaten verfolgt. Und obwohl es eigentlich die Feinde sind, haben die beiden Alten Mitgefühl mit den Männern.

Marulja	Petros wird auf sie schießen?
Nikolas	Und ob er wird.
	Kleine Pause. Einzelne ferne Schüsse
Nikolas	Richte heißes Wasser und Tücher. Wir werden sie brauchen, im Fall es einen trifft.
	Tür
Marulja (für sich)	Maulesel Du ... Gleich sind sie unten. Mein Gott, wie nahe das ist. Wenn nur Petros nicht schießen wollte. Nur rasch wenn sie machen, über die Wiese ... Lass ihn nicht schießen, heilige Jungfrau, lass ihn nicht –
	MG-Feuer, kurz aber heftig. Dann eine Sekunde Stille

Das folgende Beispiel entstammt der kurzen Form, einem gebauten Beitrag von 2'30 Minuten Länge. In dem Beitrag geht es um Lyrik auf Plakatwänden – um die Aktion des Frankfurter Literaturhauses im Sommer 2000, Lyrik unter die Leute zu bringen, indem sie auf Plakatwänden veröffentlicht wird. Der Beitrag endet mit einer kurzen Stille.

Sprecherin

Gelesene Lyrik vom Profi vorgetragen hört sich jedenfalls so an:

O-Ton Vorleser

Ich bin ein forsch geleimtes Kind. Wenn ich heule, pfeift der Hund. Pfeift der Hund auf einem Bein, fällt vom Herzen mir ein Stuhl.

kurze Stille

Ab*moderation*

Die Zeit der Gedichte ist das, jetzt oder nie. Ich gehe jetzt nach Hause, meine Damen und Herren, wünsche Ihnen einen schönen Abend, nicht ohne Sie noch auf diese Veranstaltung hinzuweisen (...)

(Quelle: HR1, »Heute aktuell«, gebauter Beitrag über Lyrik auf Plakatwänden von Ute Fritzel)

Verpönt ist die Stille in den Programmen, die mit dem CHR-Musikformat arbeiten. Im Contemporary Hit Radio werden die Hits gespielt, die sich gerade am besten verkaufen. Jingles, Gewinnspiele, Meldungen: unter allem liegt Musik. Stille ist der natürliche Feind vieler einschlägiger Radioprogramme. Selbst die Nachrichten werden auf mit Musik unterlegte Schlagzeilen reduziert.

3. Ohrenkneifer –
Sachlich, einfühlsam, informativ: Vier gelungene Beispiele

Kurz und schnörkellos

Das erste Beispiel – ein Beitrag über den unerwarteten Erfolg von Alexander Popp in Wimbledon im Jahr 2000 – besteht aus Originalton und Autorentext in denkbar einfacher Anordnung. Der gebaute Beitrag umfasst eine Länge von 1'10 Minuten.

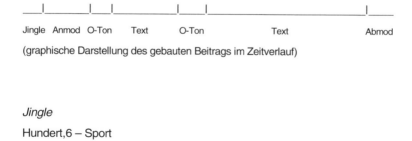

(graphische Darstellung des gebauten Beitrags im Zeitverlauf)

Jingle

Hundert,6 – Sport

Anmoderation

Alexander Popp ist die Überraschung beim Grand-Slam-Turnier in Wimbledon. Der deutsche Senkrechtstarter steht nach einem Fünf-Satz-Match sensationell im Viertelfinale. Anke Huber und David Prinosil mussten hingegen gestern das Aus hinnehmen. Aus Wimbledon berichtet Sonja Paul.

⌐ Ton Alexander Popp

Hätte ich nie dran geglaubt.

Sprecherin

Tja, jetzt ist es aber so, der Mann, den vorher keiner kannte, hat sich bis ins Viertelfinale durchgeschlagen. Und das durch so tolle Siege wie gegen Michel Chang, Gustavo Kuerten und gestern eben Marc Rosset. Eine fast unglaubliche Serie hat der 23-Jährige da hingelegt und natürlich ist der Trubel jetzt riesengroß.

O-Ton Alexander Popp

Man muss sich das schon mal vorstellen. Ich mein ... Ich bin ein normaler Mensch, vor einer Woche hat sich für mich keiner interessiert.

Sprecherin

Tja, und jetzt eben fast alle. Da kann man Popp eigentlich nur wünschen, dass er hier in Wimbledon noch ein bisschen länger durchhält, auch wenn das jetzt natürlich noch mal schwieriger wird. Im Viertelfinale wartet nämlich der an Nummer zwölf gesetzte Patrick Rafter. Der hat sich nach seiner Verletzung wieder richtig in Form gespielt und deshalb darf man trotz der ganzen Euphorie mit großer Skepsis diesem Spiel entgegen sehen. Am Mittwoch stehen sich die beiden dann gegenüber. Popp ist ja übrigens der letzte Deutsche im Feld. Anke Huber und David Prinosil haben nämlich die Segel gestrichen. Anke Huber verlor ihr Match gegen die Schweizerin Martina Hingis in zwei deprimierenden Sätzen mit 1:6 und 2:6 und auch David Prinosil erging es nicht viel besser. Er wurde von Andre Agassi in drei Sätzen vom Platz gefegt. Aus Wimbledon Sonja Paul für Hundert,6.

Abmoderation

Abmoderation

Und aus England jetzt nach Frankreich. Auch nach der dritten Etappe bei der Tour de France (...)

(Quelle: Hundert,6 – »Sport«, gebauter Beitrag über Alexander Popp in Wimbledon von Sonja Paul)

Witzig und frech

Dieser zweite Beitrag zeichnet sich vor allem durch außergewöhnlichen Sprachwitz aus – Maggie Thatchers Handtasche als friedensstiftende Waffe.
Ein bunter Beitrag – von seiner Dramaturgie her simpel und schlicht – und dennoch witzig und intelligent gemacht. Die Länge beträgt 2'13 Minuten.

Anmod   Text   O-Ton   Text   O-Ton   Text   O-Ton   Text

Anmoderation

Wie sieht die Handtasche einer eisernen Lady aus? Das können Sie nachschauen. Im Internet. Dort kommt das gute Stück von Maggie Thatcher unter den Hammer. Und das ist quasi eine friedensstiftende Maßnahme, meint jedenfalls Thomas Schmid.

Sprecher

Trotz aller Abrüstungsbemühungen in den siebziger und achtziger Jahren, diese wohl gefürchtetste Waffe im politischen Tagesgeschäft stand nie zur Disposition. Ohne ihre Handtasche war Margret Thatcher unvorstellbar. Die Premierministerin im übertragenen Sinne – pardon – nahezu nackt. Als ständiger Begleiter wurde sie nicht nur auf zahlreichen Touren durch das vereinigte Königreich in Stellung gebracht, einer scharfen Klinge gleich drohte sie auf manchem Eurogipfel. Mit besonderer Vorliebe natürlich vermeintlich aufmüpfigen Franzosen oder gar Deutschen. Schließlich fand sie sogar Aufnahme ins Oxford English Dictionary: to handbag, jemanden ebenso rücksichts- wie gefühllos behandeln.

O-Ton

She clobbered Kohl and Mitterand regularly. And that's how the expression handbag got into existence.

Sprecher

Der Begriff sei entstanden, sagt Lord Parkinson, ein früherer Vorsitzender der Konservativen, nachdem sie Mitterand und Kohl damit regelmäßig überwältigt hatte. Mag sein, dass sich dadurch bei letzterem schwer zu erklärende Erinnerungslücken bemerkbar machen. Was in den Tiefen des ledernen Accessoires verborgen war, bleibt das Geheimnis der eisernen Lady. Denn wenn die Handtasche nun unter den virtuellen Internethammer kommt, dann ist sie natürlich ebenso auf- wie ausgeräumt. Auch andere bekannte Damen haben sich für den guten Zweck, der Erlös geht an die britische Krebshilfe, von ihren ständigen Begleitern getrennt. First Lady Cherie Blair etwa, Fotomodell Jerry Hall und die hochangesagte Modedesignerin Tracy Woodward. Die sagt, die Tasche aus dem Hause Thatcher bleibe der Hit der Auktion, auch weil sie als untrüglicher Anzeiger für die Launen der eisernen Lady galt.

O-Ton Woodward

She had a lot of body language. Depending on how she was feeling in a day - says a lot about you.

Sprecher

Die Handtasche macht die Körpersprache deutlich, sagt Tracy. Sie zeigt, wie sie sich fühlt. Die Tragweite der Tasche kann viel über dich aussagen.

O-Ton (Filmausschnitt)

A handbag. Yes, I was in a handbag.

Sprecher

Oscar Wilde, hier ein Ausschnitt aus ›Bunbury‹ oder ›Ernst sein ist wichtig‹ - Wilde hat die Handtasche damit unsterblich gemacht. Maggie Thatcher hat bewiesen, dass ein ursprünglich weiblicher Gebrauchsgegenstand in den richtigen Händen zum Mittel wirksamer Abschreckung werden kann.

(Quelle: HR1, »Start«, gebauter Beitrag über Maggie Thatchers Handtasche von Thomas Schmid)

Informativ und einfühlsam

Der dritte gebaute Beitrag hat immerhin eine beachtliche Länge von 6'12 Minuten. Dennoch wirkt er beim Hören an keiner Stelle zu lang oder zu weitschweifig. Hier werden verschiedene Bausteine stringent aneinander gefügt.

Anmod Atmo Text Atmo O-Ton Text O-Ton   Text   O-Ton Text O-Töne Text O-Ton Abmod

Anmoderation

Steven Spielberg kam nach Kazimierz und drehte dort Schindlers Liste. Kazimierz ist das ehemalige jüdische Viertel von Krakau und im Krieg pulsierte hier das Leben, Kazimierz hatte die Größe einer Kleinstadt. Heute leben dort nicht mal 200 Juden. Und doch: Die jüdische Kultur scheint so etwas wie eine Renaissance zu erleben. Junge Polen entdecken jüdische Geschichte, denn die war im kommunistischen Polen tabu. In Krakau findet jetzt zum zehnten Mal das Festival Kazimierz 2000 statt. Lotta Wieden über die jüdische Kultur in Krakau.

Atmo (Kirchenglocken)

Sprecherin

Krakau − italienisches Flair, deutsche Gotik und Wiener Caféhaus-Romantik. In Kazimierz lebten vor dem Zweiten Weltkrieg rund 70.000 Juden. Das Viertel gehörte zu den bedeutendsten jüdischen Zentren in Europa. Nur wenige seiner Einwohner überlebten Hitlers Konzentrationslager. Heute, so wird geschätzt, gibt es in ganz Krakau noch etwa 160 Juden.

Atmo (Klarinettenmusik)

O-Ton Makuch

This festival is the answer ...

(zeitversetzte Übersetzung durch einen Sprecher)

Dieses Festival ist die Antwort auf die Geschichte, weil die Juden hier fast 1000 Jahre lebten. Weil sie einen großen Teil zur polnischen und europäischen Kultur beigetragen haben und ich denke, wir müssen ihnen diese Ehrerbietung, diesen Respekt erweisen. Und gleichzeitig ist dieses Festival der authentischste Weg, eine Brücke zu schlagen zwischen den Leuten, die sich in diesem Sinn engagieren wollen.

Rest O-Ton

Sprecherin

Als Januz Makuch, der Organisator des Festivals, vor zwölf Jahren zum ersten Mal ein jüdisches Fest auf die Beine stellte, wurde er von der kommunistischen Regierung nur geduldet, nicht unterstützt. Heute stehen mehr als hundert Veranstaltungen auf seinem Programm. Während der zehn Festivaltage gibt es Ausstellungen, Unterrichtsstunden in Hebräisch oder Jüdisch, Tanzkurse, Filme und Konzerte. Kazimierz 2000 soll das größte jüdische Festival in der Geschichte Polens werden. 10.000 Besucher, vor allem junge Polen, werden erwartet. Wie die 23-jährige Agnieszka interessieren sich zur Zeit viele Jugendliche für das Judentum und die jüdische Vergangenheit ihrer Heimat.

O-Ton Agnieszka

(zeitversetzte Übersetzung durch eine Sprecherin)

Es berührt mich sehr, wenn ich mir dieses Leben vorstelle, das hier einmal existierte vor dem Zweiten Weltkrieg. Das ist eine ganze Welt, die zerstört wurde und ich denke, dass wir uns an das Vergangene erinnern sollten und dass wir es weitergeben sollten an andere Leute. Vor allem, weil wir in der Schule so wenig darüber gelernt haben.

Sprecherin

Seit zwei Jahren führt Agnieszka Touristen durch Kazimierz. Sie zeigt ihnen die Spuren des jüdischen Lebens: Synagogen, Hausinschriften, Friedhöfe, Museen und das ehemalige Ghetto im Süden der Stadt. Zu ihrer dreistündigen Tour gehört auch Neuentstandenes, zum Beispiel das Zentrum für jüdische Kultur. Es hat vier Millionen Mark gekostet, 1993 wurde es mit Hilfe amerikanischer Spendengelder erbaut. Der Leiter des Zentrums, Robert Gadek, ist 29 Jahre alt. Für ihn ist die Entdeckung des jüdischen Erbes durch die polnische Jugend mehr als eine Modeerscheinung. Gadek sieht darin eine Chance, die dunklen Flecken in der Geschichte Polens aufzuarbeiten. Die stille Kollaboration mit den Nazis ist für viele Polen noch immer ein Tabuthema.

O-Ton Gadek

They would discover ...

(zeitversetzte Übersetzung durch Sprecher)

Junge Leute wollen etwas Neues von der polnischen Geschichte entdecken. Und das ist zum Beispiel die jüdische Geschichte. Weil darüber früher niemand gesprochen hat. Es war ein Tabuthema. Aber es wurde ständig über den Zweiten Weltkrieg gesprochen und über das russischpolnische Martyrium. Und junge Leute haben einfach genug davon. Und das ist der neue Kampf zwischen den Generationen. Die jungen Leute zeigen euch eure Fehler. Und einer eurer Fehler war, dass ihr geschwiegen habt über die Juden.

Rest O-Ton

Sprecherin

Seit Steven Spielberg nach Kazimierz kam, um seinen Film Schindlers Liste zu drehen, lebt das Viertel wieder. Zwischen Häusern mit zugemauerten Fenstern und bröckelndem Putz sind neue Cafés entstanden und Restaurants mit jüdisch klingenden Namen. An den Wänden des Buchladens in der Chrokerstraße, dem einzigen jüdischen Buchladen in ganz Polen, prangen Schilder in englischer und deutscher Schrift: ›Auf den Spuren von Schindlers Liste‹ steht da und ›Daily Trips to Auschwitz‹. In dieser Atmosphäre treffen unterschiedlichste Leute aufeinander. Da ist der Amerikaner, der die Originaldrehorte von Schindlers Liste besucht, die deutsche Schulklasse, die etwas über den Zweiten Weltkrieg lernen soll, da ist der orthodoxe Jude, der in Krakau seine Familie verlor, die Frau, die Auschwitz überlebte.

O-Ton

This is a cemetery ...

(zeitversetzte Übersetzung durch Sprecher)

Das ist ein Friedhof, nichts weiter. Kein Platz, wo Juden noch leben könnten. Ganz Polen ist ein einziger Friedhof. Das ist kein Leben mehr. Das ist ein Ort des Todes.

O-Ton

Only the names are Jewish ...

(zeitversetzte Übersetzung durch Sprecherin)

Nur die Namen hier sind jüdisch. Aber das sind keine jüdischen Restaurants. Die sind nicht koscher, die sind nur Folklore. Es ist nur Folklore.

Sprecherin

Die meisten Touristen besuchen Kazimierz nur für einen Tag, ein paar Stunden. Für viele Krakauer gibt es keinen Zweifel daran, dass sich in Kazimierz wieder eine jüdische Kultur entwickeln wird. Robert Gadek, der Leiter des Zentrums für jüdische Kultur, ist mit seinen Festivalwünschen bescheidener.

O-Ton

My only wish is ...

(zeitversetzte Übersetzung durch Sprecherin)

Ich wünsche mir, dass die Menschen hier sagen, das gehört zu uns. Das hieße, dass sie dieses Kazimierz, dieses jüdische Viertel irgendwann als etwas wahrnehmen, dass zu ihrer Kultur gehört, und nicht allein zur jüdischen Kultur. Das sie nicht denken, das ist deren Erbe, sondern das ist unser Erbe. So, dass ein vollständiges Bild aus allem entsteht. Und ich glaube, dass ist sehr wichtig für uns, die Polen und für unser Land.

Abmoderation

Es gehört zu uns. Lotta Wieden über das jüdische Festival in Krakau.

(Quelle: RB2, »Journal am Morgen«, gebauter Beitrag über jüdische Kultur in Krakau von Lotta Wieden)

Atmosphärisch und sinnlich

Der vierte gebaute Beitrag – Thema: eine Zirkustruppe – greift virtuos in die Klaviatur der akustischen Elemente. Die Verknüpfung von Text, Atmo, Musik und Originalton ist äußerst gelungen. Beim Hören entsteht eine dichte Atmosphäre. Länge des Beitrags: 4'45 Minuten.

Anmod Atmo   Text   Musik   Text Musik Text Musik Text O-Ton Musik Text   Musik Abmod

Anmoderation

Spätestens seit das deutsche Publikum den Zirkus Roncalli und den Cirque du Soleil Jahr um Jahr von Neuem in die Arme schloss, war klar, wie gründlich sich die Unterhaltungsszene auf diesem traditionsreichen Terrain zu wandeln begann: Cirque Noveau, die neue Lust an den Zirkuskünsten war und blieb auch kommerziell im Trend der Zeit. Derzeit gastiert in Berlin ein Ensemble, das vor sieben Jahren zwölf ausgewiesene Trapezkünstler und -künstlerinnen renommierter Schulen gründeten, um Spiel und Stil in der Darstellung im Atem des Zirkus zu vereinen. Seitdem gibt es die fliegenden Künste, ›Les arts sauts‹, heißt die Gruppe und ›Kayassine‹ heißt das Spektakel, das Sigrid Brinkmann gesehen hat.

Atmo (u.a. französischsprachige Anmoderation im Zirkus)

Sprecherin

Und endlich geht das Licht aus. Schon das kugelförmige Druckluftzelt, das einer Orbitalstation gleicht, ist einzigartig. Ausgestreckt auf in Reihe gesetzten Liegestühlen sucht der Blick den Himmel des Zeltes nach den Trapezkünstlern ab, die noch versteckt auf drei großen Traversen hocken. Grundstruktur auch für eine mobile Bühne, eine schwebende Gerüstbrücke, über die die zwölf Artisten später laufen, hüpfen und stolzieren. Und da: Der Kontrabassist greift in die Saiten, in zehn Metern Höhe platziert, auf zwei schmalen Balken. Der Cellist antwortet ihm weiter unten auf einer gläsernen Platte sitzend. Die Sängerin atmet und es scheint, als sei ihr Atem ein aufziehender Wind, der die Schaukel, auf der eine Elfe sitzt, hoch unter die Kuppel treibt. Matte Lichtkegel. Wenig später rückt ein anderes, feengleiches Wesen in die Nähe der Elfe, beide schwingen, traumvergessen. Die eine in weißem Tuch. Sie dehnt es mit zum Spagat gespreizten Beinen. Das Licht reduziert ihren Körper auf dieses Paar Beine, die man nur noch als Schattengestalt wahrnimmt. Ein Bett hoch oben in der Luft. Mit sanften Bewegungen nehmen sich Les arts sauts alle Zeit der Welt, um in den Raum einzufallen, ihn mit ihren Pendelbewegungen zu zerteilen.

Musik (Maultrommel)

Sprecherin (Musik bleibt im Hintergrund)

Erst als einer der Trapezkünstler nach der Maultrommel greift und Pascale Valenta zu singen beginnt, schießen sie plötzlich von allen Seiten in die Mitte. Kobolde, die sich ans Seil klammern. Sekundenarbeit.

Musik (mit Stimme und Geige, sich steigernd)

Sprecherin (Musik geht weiter, wird dem ersten Teil des Textes unterlegt)

Es sind die Musiker, die das Tempo steigern und die Stimme der Sängerin überschlägt sich, wenn der Artist mit der weißen Kappe und den flügelartigen Schwingen, halb Teufel, halb Engel, in die Tiefe stürzt; er ganz bewusst, so scheint es, die sich ausstreckenden Arme seines Partners nicht ergreift. Eine Sache von Zehntelsekunden. Wunderbarer Schauer, denn es gibt das Netz. Wie große Insekten, gewaltige Vierfüßler, erobern die Artisten Gerüst und Leiter, schnellen in die Höhe, um dann doch in klassischer Weise zu fliegen. Das Talkum, das sich von den Händen abreibt, gleicht da Sternenstaub.

Musik (Walzer, fröhlich, mit Applaus im Hintergrund)

Sprecherin (Musik bleibt während des Textes im Hintergrund)

Und selbst das gelingt: Ein Walzer diktiert den Rhythmus der schwingenden Seile, verführt die Trapezkünstler zu waghalsigen Drehungen.

Musik (geht weiter)

Sprecherin

Alle fünf Kontinente haben Les arts sauts bereist. In Asien, und da besonders in Laos, hat sich das auf 25 Erwachsene und einige Kinder angewachsene Kollektiv am wohlsten gefühlt. Kayassine, das aktuelle Programm, heißt im laotischen ›Zirkus‹, schön klingend und zugleich unprätentiös, ganz im Sinne von Les arts sauts. Stéphane Ricordel, der das Luftballett choreographiert, weiß, dass der Wunsch, fliegen zu können, überall auf der Welt existiert.

O-Ton Ricordel

En chaque culture ...

Übersetzung durch Sprecherin

Und in jeder Kultur, meint Stéphane Ricordel, hafte dem Fliegen etwas Magisches an. Deshalb auch gleiche sich das Verhalten der Zuschauer, das Staunen über die poetische Kraft des Spektakels. In Asien wurde während der Vorstellung unglaublich viel gelacht, in Frankreich zeigen sich die Leute innerlich berührter.

O-Ton geht weiter

Musik (Sprechgesang)

Sprecherin (Musik geht weiter)

Als Pascal Valentas Stimme die Trapezartisten als Pinguine über den Gerüstbalken schickt, bevor ein jeder schlussendlich seinen individuellen Abgang aus zehn Metern Höhe ins Netz macht, wird aufs Schönste spürbar, was die französischen Flugkünstler antreibt: Die Lust sich zu amüsieren. Sich selbst und das Publikum.

Musik (setzt sich fort, Sprechgesang, Applaus)

Abmoderation

Les arts sauts, die fliegenden Künste, bleiben noch bis zum 15. Juli in Berlin auf dem Platz hinter der Ruine vom Anhalter Bahnhof.

(Quelle: Radio3, »Texte und Zeichen«, gebauter Beitrag über die Zirkusgruppe »Les arts sauts« von Sigrid Brinkmann)

4. Mit Sand lässt sich bauen, auf Sand nicht – Für welche Themen sich ein gebauter Beitrag eignet

Die Mehrzahl der Themen, die journalistisch bearbeitet wird, lässt sich in der Form des gebauten Beitrags aufarbeiten. Das gilt fast immer bei Ereignissen, bei denen das gesprochene Wort im Vordergrund steht – also bei Pressekonferenzen, Sitzungen, Bundestagsdebatten und Vorträgen.

Durch zusätzliche Elemente im gebauten Beitrag wie Originalton und Atmo wird mehr von der Atmosphäre und Stimmung einer Veranstaltung, eines Ereignisses wiedergegeben als durch einen reinen Bericht. Vorzüglich bietet sich die Form des gebauten Beitrags dort an, wo es verschiedene Blickwinkel auf ein Thema gibt – wo man mit nur einem Gesprächspartner dem komplexen Thema nicht gerecht würde, weil verschiedene Perspektiven berücksichtigt werden müssen.

Die Form des gebauten Beitrags kann sich auch aus technischen Gründen anbieten. Beispiel: Sie sind mit Ihrem Aufnahmegerät losgezogen, um ein Interview zu führen, das auch als solches gesendet werden soll. Bei Ihrer Rückkehr ins Funkhaus stellen Sie jedoch fest, dass Ihre Fragen eine miserable Aufnahmequalität haben oder dass im Hintergrund vorbeidonnernde Lastwagen den O-Ton erheblich beein-

trächtigen. Also entscheiden Sie sich kurzfristig, aus dem vorliegenden Material einen gebauten Beitrag zu machen. So haben Sie die
Möglichkeit, das aus Ihren Aufnahmen auszuwählen, was einem kritischen Ohr in Bezug auf technische und akustische Qualität Stand
hält. Fehlende Fragen und Sinnzusammenhänge können Sie in Ihren
Autorentext hineinpacken.

Welche Themen eignen sich?

- Sachthemen, die im Vorfeld gut recherchiert werden können
- Themen, für die Gesprächspartner zur Verfügung stehen
- Themen, denen komplizierte Sachverhalte zu Grunde liegen, die im »komponierten« Text zusammengefasst und
  präzise und vereinfacht dargestellt werden können
- bunte Themen, Launiges mit Pointen und Atmosphäre
- Katastrophen
- investigative Themen
- Themen, für die das Umfeld und die Atmosphäre bedeu-
  tend sind
- Streit-Themen, die kontrovers sind und bei denen es
  verschiedene Standpunkte und Perspektiven gibt
- Themen, bei denen die Originaltöne einen eigenen Infor-
  mationsgehalt versprechen, Stimme der Betroffenen, Atmosphäre, Streit, Emotionalität
- Themen, bei denen die Menschen vor Ort zu Wort kommen sollen

Bei welchen Themen eignet sich der gebaute Beitrag weniger?

- Themen, die live viel spannender sind, zum Beispiel De-
  monstrationen zu Castor-Transporten, dramatische Ret-
  tungsaktionen oder die Verkündung von Wahlergebnissen
- aktuelle Themen, bei denen es auf das Geschehen oder die
  Lokalität ankommt und ein Reporter vor Ort sein kann –
  dann ist die Reportage zu bevorzugen
- Themen, die nach Kommentierung oder Glossierung rufen
  – wobei Glossen sehr wohl auch mit Einspielungen arbei-

ten können, dann allerdings häufig in Form der Montage
oder Collage
- Wenn Zeit und Umstände es nicht zulassen

Weniger eignet sich die Form des gebauten Beitrags außerdem bei:

- Kommentaren – hier gibt es nur eine Perspektive
- Rezensionen

In der Praxis fällt die Entscheidung gegen die Form des gebauten
Beitrags häufig aus Zeitgründen. Die Live-Reportage vor Ort oder das
Interview sind im Zweifelsfall die schnellere Alternative.

Themengruppen

Das Themenspektrum des gebauten Beitrags ist breit gespannt – sowohl bei den öffentlich-rechtlichen Sendern als auch bei den privaten: Der vorliegenden Veröffentlichung liegt eine umfassende Tagesanalyse aller gebauten Beiträge mehrerer Hörfunkprogramme zu
Grunde. Bei dem Versuch, die insgesamt über dreihundert gebauten
Beiträge thematisch zu gruppieren, sind folgende Kategorien entstanden:

- Regionale Themen
  Festival vor Ort, Gerichtsverfahren, Einführung der Blue Card in
  Bayern, Zukunft einer Berliner Grundschule, Report von Polizei- und
  Feuerwehreinsätzen vor Ort, Berliner Senat beschließt Haltungsver-
  bot für bestimmte Hunderassen, Doping-Prozess, Berliner SPD und
  PDS treffen sich zu öffentlicher Gesprächsrunde, Frankfurter Innen-
  stadt wird wieder bewohnbar, Blitze und Gewitter in Hessen im bis-
  herigen Jahr, D2-Netzausfall in Schwaben, Blade Night in München,
  Porträtmaler: der nette Mensch von nebenan

- Politische Themen
  Riester und seine Rentenreform, Steuerreform, Kohl und der Spendenausschuss, Verabschiedung eines Landeshaushaltes, Eröffnung
  der Urban 21, Sanktionen gegen Österreich, Frankreich übernimmt
  EU-Ratspräsidentschaft, Partisanenkrieg in Tschetschenien, Merkel
  geht auf Distanz zu Kohl, Porträt Wolfgang Schäuble, Angela Merkels

Sommertour, Porträts von ehemaligen Landgerichtspräsidenten des Dritten Reichs zieren noch immer die Wände, Neue Vorschrift aus Brüssel: Pferdepass, Rentenstreit, Novellierung des Rundfunkgesetzes in Hessen, Merkel kritisiert Kohl, Pflegeversicherung vor Bundesverfassungsgericht, Demontage und Abtritt des ehemaligen spanischen Ministerpräsidenten Felipe Gonzalez in Spanien, keine Einigung zwischen Regierung und Opposition über Steuerreform, Rentenreform in SPD-Bundestagsfraktion auf Zustimmung gestoßen, Pflegeversicherung – Beschwerden vor dem Bundesverfassungsgericht, Chirac erläutert vor dem Europaparlament sein Konzept eines Europas mit zwei Geschwindigkeiten, Österreich plant Volksbefragung zur EU

Die Mehrheit der gebauten Beiträge mit politischen Themen haben wenig essenziellen Inhalt. Jemand erklärt, hält eine Rede, findet Dankesworte, regt eine Diskussion an, kritisiert die Opposition scharf, Beschlüsse werden einstimmig oder eben nicht einstimmig gefasst. Entsprechend stereotyp ist die Dramaturgie der gebauten Beiträge: Text und Originalton wechseln einander ab. Inhaltlich bringen die Originaltöne häufig nichts Neues. Beliebtes Auswahlkriterium für einen Originalton ist die Prominenz. Welche weiteren Themen eignen sich?

- Kultur-Themen
  Poesieautomat von Hans Magnus Enzensberger, Dostojewskis Wohnhaus, Trompeterkrieg, Ausstellung über Tänzer, neu entdeckte alte Meister, Lyrik auf Plakatwänden in Frankfurt, Geschichte des Museums für Musikinstrumente, Skulpturenkünstlerin Isa Genzken, Erfolg des Buena Vista Social Club

- Wirtschafts-Themen
  Zuckerindustrie, Einführung des Euro, riskante Geldgeschäfte der bayerischen Landesbank in Singapur, Flaute in der Ziegelindustrie, Zuckerindustrie feiert Jubiläum, neue Struktur der Strompreise, Vorstellung des Bankenberichts des Deutschen Bankverbandes

- Computer-Themen
  Musikindustrie wehrt sich gegen MP3-Raubkopierer, MP3, Digitale Unterschrift, CD-Rom der Woche, Clicks – Baggerfahren im Internet

- Auslands-Themen
  Schulsituation in London, Kinderheim in Rumänien, jüdisches Festival in Krakau, Stadtporträt Kairo

- **Film-Themen**
  Tom Cruises neuer Film, neuer Film mit Till Schweiger

- **Musik-Themen**
  Tina Turners Abschiedstournee, Konzertbericht, Goth-Musik – was
  ist das? Goth-Festival in Leipzig, Misheard Lyrics-charts Top 5, Musik
  im Exil, Robert Schumann und seine Oper Genoveva

- **Jubiläen, Geburtstage**
  Louis Armstrong wird 100, ehemaliger hessischer Justizminister von
  Plottnitz wird 60, Jubiläumsausstellung Rijksmuseum in Amsterdam,
  zehnjähriges Jubiläum des Carl-Orff-Zentrums

- **Sport-Themen**
  Sportverletzungen, Tour de France, Südafrika als Austragungsort der
  Fußball-WM 2006, Grand-Slam-Turnier in Wimbledon, Brasilien zieht
  Bewerbung um Fußball WM 2006 zurück, Ultramarathon im Death
  Valley, Rudi Völler neuer Teamchef der Fußballnationalmannschaft

- **Sozial-Themen**
  Zu wenig Arbeitsstellen für Behinderte im öffentlichen Dienst, ehemaliger Wehrdienstleistender wartet auf Versorgungsgeld, Alterssi-
  cherheit

- **Umwelt-Themen**
  Bewohner einer Neubausiedlung klagen über gelb verfärbte Zungen,
  Lärm macht krank, Folsäure, Tschernobyl-Tagung, Flüsse in Hessen
  wieder sauberer geworden, Urban 21 – internationale Städtekonfe-
  renz zur nachhaltigen Entwicklung, Entwicklung der Lebensmittel in
  den nächsten Jahrzehnten, Hirschwahnsinn bei gezähmtem Rotwild
  in Kanada, BSE – was können Verbraucher noch essen?

- **Religiöse Themen**
  Leben nach Gottes Ebenbild, Betende Sportler

- **Reise und Tourismus-Themen**
  Jetlag durch Zeitverschiebung, Reisende aus dem Ausland in Hessen

- **Service-Themen**
  Kosmetik-Spezialheft der Stiftung Warentest, Mückenmittel im Test

- **Buntes**
  Maggie Thatchers Handtasche kommt unter den Auktionshammer,
  Schlafsaal für Mittagsschlaf in Berlin eröffnet, Klage gegen Klaus Lö-
  witsch, Robert Redford heiratet Deutsche?

Aktuell versus Hintergrund

Am häufigsten werden politische Themen aufgegriffen, sie dominieren das inhaltliche Spektrum der gebauten Beiträge mit deutlichem Abstand. Ebenfalls häufig für den gebauten Beitrag bearbeitet werden regionale Themen und Kulturthemen.

Gebaute Beiträge aus dem politischen und aktuellen Themenspektrum unterscheiden sich deutlich von jenen, die Kultur- und Hintergrundthemen aufgreifen. Die aktuellen und politischen Beiträge sind in der Regel einfach gestrickt, weil sie zeitnah produziert werden müssen. Im Bereich Kultur und Hintergrund sind die gebauten Beiträge meistens aufwendiger gestaltet. Da diese Themen nicht so sehr vom Tagesgeschehen abhängig sind, lassen sie mehr Zeit für die Recherche, für die Aufnahme und für die Produktion.

5. Zum Kopf gehört die Hand – Sieben Arbeitsschritte vom Auftrag bis zum Beitrag

5.1 Mission possible – Alles beginnt mit einer Idee oder einem Auftrag

Was steht am Anfang?

In Dreiviertel aller Fälle steht der Auftrag beziehungsweise die Themenvorgabe der Redaktion am Beginn der Arbeit und nicht die eigene Idee. Dieses Verhältnis zeigt sich mit leichten Abweichungen in allen untersuchten Programmen öffentlich-rechtlicher und kommerzieller Provenienz. Vielfach ist es einfach der aktuelle Terminkalender, der die Themen für die gebauten Beiträge liefert: Pressekonferenz, Bundestags- oder Landtagsdebatte zu kontroversem Thema, öffentliche Veranstaltung, Festival, Jubiläum oder das Sportturnier.
Eine leicht abweichende Tendenz ist zu erkennen bei den Kulturprogrammen, die häufiger auf Vorschläge und Ideen ihrer Autoren zurückgreifen.

Auswahlkriterien

Welche Maßstäbe und Auswahlkriterien gibt es für Themen? Wovon
lassen Redakteure und Autoren sich leiten? Aus einer Vielzahl von
möglichen Faktoren seien hier folgende, häufig wiederkehrende he-
rausgegriffen:

- Prominenz der beteiligten Personen
- Dramatik des Themas
- Einmaligkeit und Superlativ des Themas
- hohe Emotionalität und Betroffenheit durch das Thema
- Kuriosität
- kontroverse Themen, gleichgültig ob politischer, wirt-
  schaftlicher oder gesellschaftlicher Provenienz
- Was hat der Hörer von dem Thema? Hat es für ihn Rele-
  vanz?

Informationsquellen

Woher bekommt man Ideen? Auf folgende Quellen kann man zurückgreifen oder sich anregen lassen:

- Nachrichtenagenturmeldungen
- Informationen von Presse- und Informationsdiensten
- Pressemitteilungen und Einladungen
- Pressekonferenzen
- Feste Termine, angefangen bei der Bundespolitik und bei
  regionalen und internationalen Veranstaltungen, Tagun-
  gen, Jubiläen und Kundgebungen bis hin zur monatlichen
  Bekanntgabe der Arbeitsmarktzahlen

Pressekonferenzen gibt es in zwei Varianten. Zum einen sind da die
regelmäßig von Journalistengremien veranstalteten Pressekonferenzen – die Bundespressekonferenz, die Landespressekonferenz – dort
sind Vertreter von Parteien und Mitglieder der Bundesregierung zu
Gast. Diese Pressekonferenzen dienen dem Zweck der Kontaktpflege

zwischen Regierung und Journalisten. Die andere Form der Pressekonferenz sind Public Relations-Veranstaltungen von Parteien, von
der Wirtschaft, von den Verbänden und Institutionen. Von den Ver-
anstaltern werden sie zum Zweck der positiven Imagebildung durchgeführt. Ob Sie zu einer Pressekonferenz gehen oder nicht, sollten
Sie vorher gut überlegen. Denn sie kostet Aufwand und Zeit. Wenn
Sie während der Konferenz feststellen, dass das Thema nur zum
Gähnen ist, haben Sie viel Zeit verschenkt. Also besser vorher ein
Anruf und ein Nachhaken, wenn Sie unentschlossen sind.

Pressemitteilungen und Medieninformationen kommen täglich in
hoher Zahl in die Redaktionen. Die Verfasser sind die Presse- und
Öffentlichkeitsarbeiter der Abgeordneten, Stadträte, Verbandsspre-
cher, Kommunikationsleiter von Unternehmen. Jedes etwas größere
Unternehmen, jeder Verein und Verband, jede Partei, jede Bürgerinitiative verschickt Pressemitteilungen.

Wenn eine Idee – gleichgültig, ob sie in der Redaktion entstanden ist
oder von einem Autoren hineingetragen wurde – als gut befunden
wurde, gibt es einige Absprachen zwischen Redaktion und Autor.
Wie lang soll der Beitrag sein? Wann soll er fertig sein? Es empfiehlt
sich dringend, sich an die getroffenen Absprachen zu halten.

5.2   Recherche

In den meisten Fällen ist es nötig, eine erste Recherche durchzufüh-
ren.
Grundsätzlich gilt: Wer sich gründlich vorbereitet, ist im Vorteil und
wird meistens auch den besseren Beitrag abliefern können. Der erste
Schritt: alle leicht verfügbaren Informationen zum Thema zusammen-
tragen. Die Recherche-Quellen sind die Tageszeitung, Archive, Bü-
cherei, Polizei, Justiz, Schulbehörden, Kliniken, Unternehmen, Ver-
bände, Parteien, Gewerkschaften, Kirchen, Selbsthilfegruppen, aber
auch Freunde, Verwandte, Kollegen, Bekannte – je nach Thema und

Bedarf. Kurz gesagt: Jeder nur denkbare Informationsträger kann Recherche-Quelle sein. Einiges lässt sich telefonisch recherchieren – Auskünfte von Behörden, Nachforschungen bei einem Informanten, Bestätigung vom Pressesprecher oder die Nachfrage bei einer Institution.

Die ersten Wege führen ins Archiv oder zur Dokumentation, um sich ins Bild zu setzen, die Vorgeschichte zu eruieren, sich ins Thema einzuarbeiten. Das kann – je nach Thema – natürlich auch über die Internetrecherche geschehen.

Beispiel für eine Internet-Recherche

Sie wollen einen Termin wahrnehmen, ein Jubiläum, eine Festveranstaltung, bei der hochrangige Politiker anwesend sein werden. Sie wissen die groben Daten der Politiker, genauere Informationen fehlen Ihnen aber. Wofür sind sie noch mal konkret zuständig? Was könnte man die fragen? Haben sie in letzter Zeit irgendwelche Kontroversen ausgelöst? Sie können mit ziemlicher Sicherheit davon ausgehen, dass Sie eine Biographie und Pressemitteilungen im Internet finden, ebenfalls die Beschreibung seines Ministeriums, seiner Arbeit – wie auch immer. Wenn Sie zusätzlich online in Zeitungsarchiven suchen, werden Sie – wenn es etwas Berichtenswertes aus der jüngsten Vergangenheit gibt – ebenso fündig. Wenn die Prominenz der Gäste beziehungsweise der Politiker das Auswahlkriterium für das Thema war, dann haben Sie jetzt eine gute Grundlage, um sich einzuarbeiten.

Vorrecherche

In der Bibliothek kann man sich nötigenfalls einen Überblick zu den Publikationen zum Thema verschaffen, kann sich Anregungen holen und das nötige Hintergrundwissen aneignen. Wenn bekannte Personen involviert sind, ist es meistens sinnvoll, einen Blick in das Loseblatt-Archiv von Munzinger zu werfen, das eine knappe Biographie aller zeitgeschichtlich relevanten Frauen und Männer liefert. Das

Munzinger-Archiv gibt es unter anderem für die Bereiche Personen, Länder, Sport, Chronik, Pop und Gedenktage.

> »Recherchieren bedeutet eigentlich nichts anderes als: Fragen stellen. Richtiges Recherchieren heißt demnach, dass die richtigen Fragen zum richtigen Zeitpunkt an die richtigen Leute gestellt werden«. (Michael Haller 2001)

Für eine Vorrecherche eignen sich fast immer die beteiligten und verantwortlichen Stellen – wie zum Beispiel die Behörde, die Bürgerinitiative, die Presse- und Öffentlichkeitsabteilungen der Städte, der Unternehmen, der Institutionen. Die Landespressegesetze verpflichten alle Behörden zur Auskunft, der Journalist hat für seine Recherche privilegierte Informationsrechte. Ziele der Vorrecherche sind:

- die Vorgeschichte und den Zusammenhang des Themas zu durchschauen
- die Biographien der bekannten Akteure des Themas zu kennen
- die Problematik und die Perspektiven des Themas einschätzen zu können

Wie viel Recherche?

Recherche ist nötig. Gute Recherche jedoch braucht Zeit. Das heißt: Es besteht ein permanentes Spannungsverhältnis zwischen Aufwand und Nutzen. Wenn die wesentlichen Fragen der Recherche beantwortet sind, muss der Journalist einen Schlussstrich ziehen, weil er sich sonst im Recherche-Dschungel rettungslos verirren würde. Zeit- und kostenintensive Recherchen müssen in einem guten Verhältnis zum Endprodukt stehen. Wenn Sie ein einstündiges Feature produzieren wollen, ist sicherlich eine äußerst gründliche und in die Tiefe gehende Recherche geboten. Bei der relativ kurzen Form des gebauten Beitrags jedoch werden Sie schnell Gefahr laufen, Ihre Arbeit zum unbezahlten Hobby zu machen, wenn Sie aufwendige Recherchen betreiben. Damit ist keineswegs ein Votum für Oberflächlichkeit und Gutgläubigkeit verbunden. Im Gegenteil: Das oberste Gebot ist die Sorgfaltspflicht des Journalisten – gleichgültig, für welches Medium er arbeitet, an welcher journalistischen Form er sich gerade die Zähne abwetzt.

Es ist völlig klar, dass Sie in der Praxis nicht jedes Mal für einen gebauten Beitrag aufwendig recherchieren können. Oftmals wird das auch gar nicht nötig sein, weil Sie »im Thema drin sind«, die Zusammenhänge bestens kennen und die beteiligten Personen aus Erfahrung einschätzen können.

Noch etwas, dass sich in der Praxis bewährt hat: Sie sollten jederzeit Zugriff haben auf einschlägige Lexika, Nachschlagewerke, Zitatensammlungen, Duden, Who's who und Statistische Jahrbücher, um sich die Arbeit zu erleichtern. Häufig werden Sie irgendein wichtiges Datum nicht präsent haben, nicht wissen, welche Ehren und Verdienste der Festredner am nächsten Abend vorzuweisen hat, was denn nun die gotische Bauweise noch mal ist.

Im Idealfall ist Ihre Neugier geweckt, Sie haben »Biss« für das zu bearbeitende Thema entwickelt und sind selbst gespannt auf den Ort des Geschehens und auf die beteiligten Menschen. Auch hier muss man jedoch die Einschränkung machen, dass Sie sich natürlich nicht permanent aufs Neue für immer andere Themen begeistern können. Einiges werden Sie leidlich abwickeln, ohne ein Engagement für das Thema. Das ist journalistischer Alltag.

5.3   Interview

Das Spezifische des Radiojournalisten bei der Recherche ist, dass er überlegen und herausfinden muss, welche Gesprächspartner sich eignen, welche Menschen man am Mikrofon interviewen kann.

Entweder stehen die schon am Anfang des Themas relativ fest, weil sie Hauptakteure sind, weil sie prominent sind, weil sie die Experten oder die Hauptbetroffenen sind oder aber Sie haben durch Herumfragen und Telefonieren passende Interviewpartner gefunden. Zudem können sich vor Ort spannende Gespräche ergeben. Wer ist dort bereit, Ihnen spontan ein Interview zu geben? Wer ist Ihnen aufgefallen auf Grund seiner Meinungsführerschaft? Auf Grund seines Verhaltens?

Um gute Originaltöne zu bekommen, müssen einige Aspekte vor dem Interview abgeklopft werden. Ist der Interviewpartner authentisch? Hat er eine eigene Meinung? Beispiel: Ein Pressesprecher ist zumeist nicht authentisch, sondern eben ein Sprecher im Namen Anderer, der tendenziell glatte, vorformulierte Antworten gibt. Anderes Beispiel: Der zögerliche, sich fortgesetzt absichernde, seine Aussagen relativierende Sachbearbeiter oder Experte ist für ein Interview ebenfalls meistens uninteressant. Wenn ein Experte sich während des Interviews als langweiliger und abstrakter Redner erweist, so ist es möglicherweise eine kluge Entscheidung, ihn nicht im Originalton zu präsentieren, sondern sein Statement, seine Informationen in den Autorentext zu packen.

Bei der Auswahl der Interviewpartner sollte man sich also grundsätzlich fragen: was genau ist mein Thema? Welche Aspekte will ich reinbringen in meinen Beitrag? Wen kann ich zu diesem Zweck am besten befragen und interviewen? Wer kann sich gut und lebendig ausdrücken, wer erzählt langatmig?

Mögliche Kriterien für die Auswahl eines Interviewpartners

- Kompetenz/ Sachkenntnis
- Nähe zum Thema
- Standpunkt, auf Pro und Kontra achten, Originalität des Standpunktes, Vielfalt der Perspektive
- Prominenz/ Bekanntheitsgrad
- Entscheidungsträger
- »grassroot« – Stimmung von der Straße, Stimmungsbild, die »Stimme des Volkes«
- political correctness. Beispielsweise sollte – wenn es nicht gerade um das Thema Rechtsradikalismus geht – ein Rechtsradikaler kein Ansprechpartner sein
- Verfügbarkeit, sie spielt im Tagesaktuellen eine entscheidende Rolle: Wen kann ich überhaupt so schnell erreichen, wer hat Zeit?

- Sprache – Gewandtheit im Formulieren
- Modulation und Lebhaftigkeit der Stimme

Sprachgewandtheit spielt bei einem Zeitungsinterview eine untergeordnete Rolle, im Hörfunk hingegen spielen sprachliche Kriterien
eine wichtige Rolle. Wenn jemand ausgesprochen wortkarg ist oder
aber nicht in der Lage, grammatikalisch korrekte und vollständige
Sätze zu bilden, sollte man sich – wenn möglich – nach einer Alternative umsehen. Stefanie Nies, Redakteurin bei Hundert,6 in Berlin:
»Viele ›Ähs‹ lassen sich rausschneiden, aber fehlende Verben oder
unvollständige Sätze sind die Pest.«

Prominent und kompetent, das sind im Allgemeinen die Attribute,
nach denen am häufigsten entschieden wird bei der Auswahl von
Interviewpartnern.

Beispiel: ein gebauter Beitrag über die Urban 21, einer Konferenz der
Bürgermeister der 21 größten Städte der Welt im Jahre 2000. Es ging
um Armut, Wohnungsnot und Umweltprobleme. Im Originalton zu
hören sind prominente und kompetente Teilnehmer der Konferenz.
Nach dem Kriterium der Prominenz ausgewählt worden sind der
UNO-Generalsekretär Kofi Annan und der deutsche Bundeskanzler
Gerhard Schröder – beide sicherlich keine ausgewiesenen Experten
in der Sache. Zusätzlich gibt es das Kriterium der Sachkompetenz in
der Person von Ulrich Pfeiffer, Mitverfasser des Weltberichts für die
Urban 21, und in der Person von Reinhard Klimmt, Verkehrsminister.

Beides – Prominenz und Kompetenz – kann im Idealfall wunderbar
ineinander greifen: Prominente werten das Thema auf, Kompetente
erhellen es mit Wissen und Sachverstand.

Weibliche Interviewpartner

Aus zwei Gründen sollten Sie sich bemühen, auch immer nach weiblichen Interviewpartnern Ausschau zu halten:

- Der Wechsel zwischen weiblichen und männlichen Stimmen ist akustisch interessanter, weil sie sich klarer unterscheiden
- Aus emanzipatorischen Gründen sollten beide Geschlechter gleichermaßen vertreten sein. Gerade den Medien kommt in dieser Entwicklung eine prägende Rolle mit Vorbildcharakter zu. Wenn es selbstverständlich ist, dass ebenso viele Frauen wie Männer in der Expertenrolle befragt werden, so wird im Bewusstsein der Hörer verankert sein, dass Kompetenz geschlechtsunabhängig ist

Vorsicht!

Sie sollten sich davor hüten, immer dann auf Frauen zurück zu greifen, wenn es darum geht, Betroffene vorzuführen, die sich beklagen, jammern, weinen, empören – kurz: wenn es um den emotionalen Faktor geht. Und auf Männer zurück zu greifen, wenn Sie Experten suchen, die sich zum Thema äußern, die ihre Sachkompetenz einbringen und geballtes Wissen von sich geben.

Empirische Analyse

In der empirischen Analyse von gebauten Beiträgen, die dieser Veröffentlichung zu Grunde liegt, zeigte sich quantitativ eine absolute Dominanz der männlichen Interviewpartner.

«Meistens Männer»	Öffentlich-rechtlich	Privat	Zielgruppe	Wortanteil	Männlich/ weiblich (O-Töne in gebauten Beiträgen)
Antenne Bayern		•	*14-49 Jahre*	30	50:50
Bayern5	•		*Infoelite*	100	90:10
Deutschland-funk	•		*Infoelite*	80	83:17
HR1	•		*40-55 Jahre*	60	75:25
Hundert,6		•	*25-50 Jahre*	40	60:40
NDR1	•		*ab50 Jahre*	30	78:22
Radio3	•		*Alle/höhere Bildung*	70	85:15
Radio Bremen 2	•		*Infoelite*	35	75:25
SWR3	•		*14-39 Jahre*	25	100:0

(Tab. 1, Auswertung der Programme vom 4. Juli 2000)

In den öffentlich-rechtlichen Hörfunkprogrammen beträgt der Anteil männlicher Originaltöne in den gebauten Beiträgen zwischen 75 und 100 Prozent. Der Anteil männlicher Originaltöne bei den Privatsendern hingegen beträgt zwischen 50 und 60 Prozent. Das bedeutet, dass bei den privaten Hörfunkprogrammen ungefähr gleich viel Männer interviewt werden wie Frauen. Entspringt das einem emanzipato-

rischen Anspruch oder hat das etwas mit der Couleur der Themen zu tun?
Hier lässt sich folgende These aufstellen: je »härter« der Beitrag, desto mehr männliche Originaltöne, analog zur Dominanz von Männern in Politik und Wirtschaft, – je mehr Soft-, Boulevard- und Servicethemen, desto mehr Originaltöne von Frauen tauchen auf. Da die Privatsender per se zu Servicethemen und Soft- und Boulevardthemen tendieren, ist der Anteil an weiblichen Originaltönen entsprechend.

Umgang mit Interviewpartnern

Ob nun männlich oder weiblich – der Interviewpartner sollte unbedingt wissen, dass die Aufnahmen nicht als komplettes Interview gesendet werden, sondern dass die geeignetsten Originaltöne ausgewählt und in einen Beitrag eingefügt werden. Das ist ein Gebot der Fairness dem Interviewpartner gegenüber, der sich vielleicht die Sendung anhören wird mit der Erwartungshaltung, das Interview in voller Länge zu hören und in Folge dieser falschen Erwartung verärgert sein wird über die Auswahl einiger Sätze.

Dass mit der Auswahl die Gefahr der Manipulation und Verfälschung gegeben ist, liegt auf der Hand. Viele Interviewpartner werden hier Gefahr wittern. Dem gilt es, mit Fingerspitzengefühl zu begegnen. Der Autor muss mit seiner Person für Glaubwürdigkeit und Fairness stehen und Vertrauen schaffen. Worauf der Autor sich jedoch in aller Regel nicht einlassen sollte: dem Interviewpartner die Zusicherung geben, dass er die Auswahl seiner Originaltöne vor der Sendung begutachten kann. Dazu fehlt erstens fast immer die Zeit und zweitens neigen die meisten Menschen dazu, hinterher zu glätten, abzuwiegeln, markante Aussagen zurück zu nehmen. Sie sollten eine diesbezügliche Nachfrage Ihres Interviewpartners mit Entschiedenheit ablehnen und darauf verweisen, dass die Auswahl der Originaltöne ausschließlich nach journalistischen Gesichtspunkten vorgenommen wird.
Entweder suchen Sie also Ihre Interviewpartner direkt vor Ort des Geschehens oder aber Sie haben sich nach wohlüberlegten Kriterien vorher für jemanden entschieden. Im letzteren Falle vereinbaren Sie mit ihm einen Termin, an dem Sie mit Aufnahmegerät und Mikrofon

bei ihm erscheinen. Am günstigsten ist es, dem unerfahrenen
Interviewpartner einen Heimvorteil zu gewähren. So wird das
Gespräch offener und unverkrampfter. Viele fühlen sich in ihrer
gewohnten Umgebung gewappneter, um den Fragen standhalten zu
können.

Interviewvorbereitung

Stichpunkt Interviewvorbereitung: Was sollten Sie da tun? Wer ein
gutes Interview will, sollte sich gut vorbereiten. Wer sich sachkundig
gemacht hat, kann im Interview leichter nachhaken und lässt sich
nicht so leicht aufs Glatteis führen. Sie sollten das Thema auf wenige,
aber wesentliche Aspekte eingrenzen – Aspekte, die Ihnen wichtig
sind und die Sie im Interview unbedingt zur Sprache bringen möchten. Dazu ist es ratsam, ein oder zwei Schlüsselfragen zu entwickeln.
Des Weiteren ist es sinnvoll, sich einen Zettel mit Stichworten anzu-
fertigen – allerdings sollte man in aller Regel keine ausformulierten
Fragen notieren. Bei vorformulierten Fragen ist die Gefahr groß, dass
man gar nicht richtig zuhört, weil man zu sehr damit beschäftigt ist,
seinen schön ausformulierten Fragenkatalog anzubringen. Man ist
zufrieden, wenn man seine Liste abhaken kann und bemerkt vielleicht gar nicht mehr, dass mehrere Antworten nichtssagend und
unverbindlich geblieben sind und dass weitergehende Fragen auf
Grund der Antworten hätten gestellt werden können.

Nur bei einem Interview, das auch als solches gesendet werden soll,
sind die Formulierungen der Fragen gründlicher zu überlegen. Ansonsten: ein Stichwortzettel reicht. Der gibt einem auch die nötige
Sicherheit, falls man einmal den Faden verliert oder nicht mehr weiter weiß – ein Blick auf den Stichwortzettel und der Faden ist wieder
geknüpft.

Frageformen

Wenn Sie sich Ihre Fragen überlegen, sollten Sie zumindest wissen,
dass es verschiedene Frageformen gibt – also einen Teil des Hand-
werkszeugs beherrschen, das Sie für Interviews benötigen. Es gibt:

- Eröffnungsfragen/ Plattformfragen – »Sie sind hier, weil Sie (...) Wie empfinden Sie das Geschehen?«
- Offene Fragen – beginnend mit wie, wozu, wer, was, woher, wohin, wann, mit wem. Offene Fragen lassen Raum für längere Antworten
- Geschlossene Fragen – »Sind Sie mit dem Zug angereist?« Bei geschlossenen Fragen kann es einem passieren, dass man nur ein kärgliches »Ja« oder »Nein« als Antwort erhält. Deshalb eignen sich diese Fragen nicht so gut für den Einstieg
- Warum-Fragen – haben vertiefenden, nachhakenden Charakter
- Alternativ-Fragen – »Sind Sie der Meinung, dass (...) oder glauben Sie eher, dass (...)«
- Suggesitv-Fragen; »Sie sind doch wohl auch der Meinung, dass (...)«

Offene Fragen geben dem Interviewpartner keinerlei Antworten vor. Sie lassen ihm einen großen Spielraum und zwingen ihn, mindestens einen ganzen Satz zu sagen. Er kann sich nicht mit einem Ja oder Nein aus der Affäre flüchten. Geschlossene Fragen bringen die Dinge auf den Punkt und zwingen den Interviewpartner, Farbe zu bekennen und eine klare Antwort zu geben. Mit geschlossenen Fragen kann man den Interviewverlauf leichter lenken. Warum-Fragen eignen sich vorzüglich, um einen Sachverhalt zu vertiefen, nachzuhaken.

Bei Menschen, die ungeübt sind oder möglicherweise zum ersten Mal in ihrem Leben vor einem Mikrofon stehen, sollten Sie besondere Rücksicht nehmen. Geschlossene Fragen sind hier meistens nicht angebracht, weil Sie den ungeübten Interviewpartner damit nicht aus der Reserve locken können. Anders bei geübten Interviewpartnern, bei gewieften Politikern oder Pressesprechern: Dort können geschlossene Fragen sehr sinnvoll sein, um Sie zu einer klaren Stellungnahme zu bewegen. Grundsätzlich können Sie für einen gebauten Beitrag ohnehin keine Ja- oder Nein-Antworten gebrauchen, wenn sie vom Interviewpartner nicht weiter ausgeführt werden. Suggestivfragen sind erlaubt, sollten jedoch keine Unterstellungen enthalten.

In der Praxis wird es Ihnen häufiger passieren, dass Interviewpartner vorher die Fragen sehen möchten. Das sollten Sie – wann immer es geht – vermeiden. Man kann sich zum Beispiel gut aus der Affäre ziehen, indem man das Thema und einige Stichworte nennt. Jedenfalls: den genauen Wortlaut der Fragen sollte man keinesfalls weiterreichen.

5.4   Kugel oder Keule – Originaltöne aufnehmen

Einige Bemerkungen zur Technik: Entweder nehmen Sie Aufnahmegerät und Mikrofon und Kopfhörer aus Ihrem Hörfunkhaus mit oder aber Sie schaffen sich selbst das technische Equipment an. Bei der Geräteausgabe in Ihrem Funkhaus sollten Sie sagen, für welche Situation Sie ein Mikrofon benötigen: Wollen Sie eine Umfrage mitten in der Innenstadt machen? Machen Sie ein Interview mit einem Personalchef in einem ruhigen Büro? Oder gehen Sie zu einer öffentlichen Veranstaltung, wo Sie möglicherweise die Aussagen entfernt stehender Redner aufnehmen wollen? Oder zu einem Empfang, wo Sie den Ministerpräsidenten vermutlich nur im Gedränge erwischen?

Richtmikrofone

Es gibt unterschiedliche Arten von Mikrofonen, die sich je nach Zweck besser oder schlechter eignen. Richtmikrofone sind im Prinzip am unkompliziertesten. Sie eignen sich genauso gut für Straßenbefragungen wie für Aufnahmen in Räumen. Das Richtmikrofon drängt die Hintergrundgeräusche weg, was sicherlich bei den meisten Wortaufnahmen ein Vorteil ist.

Nierenmikrofone

Sehr gebräuchlich unter den Richtmikrofonen sind die Nierenmikrofone. Sie nehmen vor allem den Schall auf, der von vorn auf das Mikro trifft. Deshalb muss das Mikro immer auf den Sprechenden gerichtet sein, dafür aber kann der Besprechungsabstand etwas größer sein als zum Beispiel bei einem Kugelmikrofon. Atmo und Raumklang treten etwas zurück, deshalb kann das Nierenmikrofon auch bei lauteren Umgebungsgeräuschen angewendet werden. Würde man den Raum abbilden, auf den dieses Mikrofon akustisch reagiert, hätte er eine nierenförmige Gestalt.

Zusammengefasst: Mikrofone mit Nierencharakteristik eignen sich gut für Wortaufnahmen im lauten Umfeld, da sie jenen Teil des akustischen Geschehens ausblenden, der von hinten kommt. Man verwendet sie bei Umfragen, bei Reportagen aus einer intensiven Geräuschkulisse und bei der Aufnahme von Statements. Man muss sie allerdings ziemlich exakt führen und immer zum Sprechenden hinwenden.

Supernieren- und Keulenmikrofone

Supernieren- oder Keulenmikrofone haben eine starke Richtcharakteristik. Man muss genau auf das Schallereignis zielen. Dafür aber ermöglichen sie auch noch brauchbare Aufnahmen bei größerer Entfernung oder bei lauter Umgebung. Die Superniere oder auch Keule reagiert nur auf Schallimpulse, die von vorn aus einem sehr schmalen, keulenförmigen Raumbereich eintreffen. Die Keule – so könnte man sagen – ist so etwas wie das akustische Teleobjektiv. Es liefert brauchbare Ergebnisse über mehrere Meter hinweg. Aufnahmen mit der Keule muss man unbedingt während der Aufzeichnung mit dem Kopfhörer abhören und kontrollieren. Notfalls muss man durch besseres Anpeilen oder durch Nachsteuern am Aufnahmegerät ausgleichen. Supernieren eignen sich zum Beispiel auch dann, wenn Sie an einen Unglücksort eilen müssen, wo Sie mit Sicherheit nicht direkt an die Tonquellen herankommen wie bei Unfällen oder Großbränden.

Kugelmikrofone

Das Kugelmikrofon nimmt den Schall aus allen Richtungen auf: von vorn, von der Seite, von hinten. Es selektiert die Schallquellen nicht, wie es das menschliche Ohr tut. Das Kugelmikrofon ist unbestechlich und zeichnet alle Tonquellen gleichberechtigt auf. Das kann – je nachdem, was der Autor beabsichtigt – ein Vorteil sein, aber auch ein Nachte'' Wenn zum Beispiel Herbststürme, pfeifender Wind und klatschende Regentropfen akustisch eingefangen werden sollen, eignet sich ein Kugelmikrofon gut. Aber: Bei starken Umgebungsgeräuschen kann man Worte kaum verstehen. Für ein round-table-Gespräch hingegen eignet sich das Kugelmikrofon sehr gut. Es muss nicht zwischen den Gesprächspartnern hin- und hergeschwenkt werden. Bei Kugelmikrofonen ist immer zu berücksichtigen, dass sie auch die Umgebungsgeräusche aufzeichnen.

Zusammengefasst: Mikrofone mit Kugelcharakteristik setzt man bei Diskussionen am Runden Tisch ein, bei Gesprächen in ruhigen Räumen und bei der Aufnahme von Atmo. Vorteil der Kugel bei den Interviews: Man kann das Mikrofon ruhig zwischen den Partnern halten. Das schafft äußere Ruhe, verwirrt die Interviewpartner weniger und verhindert, dass sich störende Handgeräusche auf das empfindliche Mikrofon übertragen.

Die verschiedenen Mikrofontypen gibt es jeweils als:

- dynamisches Mikrofon
  Es ist bei sehr lauten Schallquellen hervorragend einzusetzen, weniger bei sehr leisen Tönen. Sie erzeugen auf mechanischem Wege einen schwachen Strom
- Kondensator-Mikrofon
  Bei dieser Ausführung steht das Mikrofon unter einer Spannung, die aus dem Aufnahmegerät gespeist wird. Das Kondensatormikrofon ist sehr rauscharm und vielseitig einzusetzen. Es hat sich vor allem als Studiomikrofon bewährt
- Elektret-Mikrofon
  Dieses Mikrofon hat eine dauerpolarisierte Spannung, die etwa zwanzig Jahre vorhält. Ihre Qualität reicht nicht völ-

lig an die der Kondensatormikrofone heran. Sie eignen sich allerdings sehr gut für leise Töne, nicht aber bei sehr lauten Schallquellen

Zum Umgang mit Mikrofonen

Bei den Elektret- und Kondensatormikrofonen verstärkt der Batteriestrom im Mikrofon die Aufnahme. Nicht vergessen: Mikrofon an- und ausschalten! Zur Bedienung des Mikrofons: um störende Knackgeräusche während der Aufnahme zu vermeiden, sollte man die Mikrofonschnur um die Hand wickeln, die das Mikro hält. Während der Aufnahme sollte man Kopfhörer tragen, um etwaige Knack-, Stör- und Hintergrundgeräusche registrieren und die Aufnahme gegebenenfalls wiederholen zu können. Ansonsten gilt: Mikrofon behutsam bewegen, hastige Schwenks sind zu hören. Der optimale Mikrofonabstand zum Interviewpartner ist circa 20 bis 30 Zentimeter – so die groben Empfehlungswerte. Aber nicht immer stimmen sie. Zu beachten ist auch die unterschiedliche akustische Wirkung bei unterschiedlichen Abständen. Wenn Sie mit dem Mikrofon sehr nah an Ihren Interviewpartner herangehen, klingt die Aufnahme sehr präsent, direkt und intim. Zu nah allerdings dürfen Sie das Mikrofon auch nicht an den Mund Ihres Gegenübers bringen, weil die Stimme dann schnell einen metallischen Klang bekommt und jeder Zischlaut, jeder Schmatzer, jede Zungenbewegung auf der Aufnahme zu hören ist.
Wenn Sie mit Ihrem Mikrofon zu weit weggehen, bekommen Sie keine prägnanten Aufnahmen mehr, die einzelnen Schallquellen verschmelzen miteinander. Einzelne Geräusche sind kaum noch zu erkennen.
Letztlich kommt es auch immer darauf an, was Sie akustisch einfangen wollen. Geht es Ihnen nur um den Originalton oder auch um die Atmo? Je näher Sie das Mikrofon an den Mund des Sprechers halten, desto weniger Atmo bekommen Sie.

Wenn Sie Aufnahmen in einem kleinen, engen Raum machen müssen – was per se nicht empfehlenswert ist – dann sollten Sie ein Nierenmikrofon benutzen und das Mikrofon nah an den Mund des Sprechers führen, bis auf einen Abstand von zehn Zentimetern.

Wenn Sie von Ihrer Redaktion in eine Autorenlesung in die Bibliothek oder in das Kulturzentrum geschickt werden, nehmen Sie ebenfalls am besten ein Nierenmikrofon mit. In dieser Situation können
Sie ruhig einen größeren Abstand, etwa 40 Zentimeter, zum Sprechenden wahren. Wenn es Ihnen da nun passiert, dass Sie Ihr Mikrofon nicht direkt vor den Rednern aufbauen dürfen, dann haben Sie
entweder Pech – oder aber Glück, wenn Sie eine Superniere dabei
haben.

Ein Mikrofon sollte grundsätzlich einen Windschutz tragen, nicht nur
bei Außenaufnahmen, sondern auch bei Innenaufnahmen. Doch bei
stärkerem Wind werden die Aufnahmen sehr schnell unbrauchbar,
selbst bei entsprechendem Windschutz vor dem Mikrofon. Eine Möglichkeit, um Aufnahmen bei starkem Wind zu retten, ist das Abschir-
men des Mikrofons durch eine Jacke oder einen Mantel – ähnlich
dem rauchertypischen Feueranzünden bei starkem Wind.
Wenn es unbedingt Aufnahmen bei Wind und Wetter sein müssen,
dann sollten Sie ein Kugelmikrofon mitnehmen. Nierenmikrofone
sind bei starkem Wind sehr viel anfälliger, sie sind höchstens bei
leichtem Wind geeignet. Wer mit dem Nierenmikrofon an die Nord-
see reist und dort Atmo aufnehmen will, der hat ziemlich sicher ver-
loren, wenn ein etwas heftigerer Wind weht.

Wenn Sie Aufnahmen in einer Geschäftsstraße machen wollen, in
einem Supermarkt oder auf dem Flughafen, dann nehmen Sie am
besten ein Kugelmikrofon mit, weil es den Klang von allen Seiten
aufnimmt. Ein Nierenmikrofon hingegen würde nur die akustischen
Signale aus einer – eben nierenförmigen – Richtung aufnehmen und
damit nur einen Ausschnitt aus der akustischen Vielfalt.

Zum Umgang mit dem Aufnahmegerät

Aufnahmegeräte sind heute fast immer digital. Die gängigen Systeme
sind DAT und MD (Mini-Disk). Die akustische Qualität ist bei beiden
Systemen hinreichend, wobei DAT eindeutig vorne liegt. Für normale
Sprachaufnahmen sind jedoch MD-Geräte von ausreichender Qualität.

Die Aufnahmetechnik sollten Sie im Griff haben. Sie gehört heutzutage ohnehin zu den Kulturtechniken unserer Gesellschaft. Die Grundfunktionen – play, rec, stop, pause, vorwärts und rückwärts – sind bei allen Aufnahmegeräten gleich. Das Auspegeln geschieht entweder per Automatik oder manuell während des Interviews. Die Kontrolle über die akustische Qualität der Aufnahme geschieht über Kopfhörer und per Zeiger am Gerät. Bei zu lauten Aufnahmen – Zeiger ist dauernd im roten Bereich – werden die Aufnahmen verzerrt. Eine zu leise Aufnahme – Zeiger bleibt zu weit im Niedrigbereich – rauscht, wenn man sie lauter überspielen muss.

Während des Interviews können Sie am leichtesten mit dem Mikrofon in der Hand ausgleichen. Wird der Interviewpartner lauter und Sie wollen das gar nicht, dann gehen Sie mit dem Mikrofon ein Stück weg. Wird er leiser, führen Sie es wieder etwas dichter an seinen Mund. Wenn Sie keine Übung in der Handhabung der Technik haben, dann müssen Sie vorher in der Redaktion oder zu Hause ein wenig testen.

Technik überprüfen

Bevor Sie zu Ihrem Interviewtermin eilen, überprüfen Sie die Technik. Wenn Sie mit Batterien aufnehmen wollen, prüfen Sie, ob sie noch ausreichend geladen sind. Zur Sicherheit lieber Ersatzbatterien besorgen. Funktioniert das Mikrofon? Probeaufnahmen machen. Zur Sicherheit Windschutz und genügend Tonträger einstecken. Man weiß nie.

Wer ziemlich genau weiß, was er bringen will im gebauten Beitrag und auch eine klare Vorstellung hat von den Inhalten, die im Originalton kommen sollen, der kann sich darauf beschränken, Statements einzuholen anstatt ein Interview zu führen. Damit erspart man sich Arbeit beim Sichten und beim Schneiden. Das bedeutet: Sie informieren Ihren »O-Ton-Lieferanten«, wofür Sie seine Aussage benötigen und bitten ihn um Stellungnahme zu diesem oder jenem Aspekt.
Interviews am Telefon führen, um Originaltöne für einen gebauten Beitrag zu erhalten, sollte die Ausnahme und Notlösung bleiben. Ein Interview per Telefon hat grundsätzlich eine schlechtere Qualität.

Wenn es nicht möglich ist, den Interviewpartner für ein Face-to-face-Interview zu bekommen oder der Aufwand dafür zu groß ist, sollte die Redaktion sich überlegen, ob ein Telefoninterview als Endprodukt nicht angemessener und ehrlicher ist.

Vor der Aufnahme

Wenn Sie die Wahl haben, sollten Sie prinzipiell kleinere Räume für die Aufnahme bevorzugen, um den Hall zu verringern. Äußerst enge Räume allerdings sind auch zu meiden. Sie sollten vor dem Interview niemals die Antworten mit Ihrem Gesprächspartner besprechen. Man kann kurz die einzelnen Aspekte des Themas ansprechen, aber nicht bereits diskutieren oder ausführlich verbalisieren. Denn oft ist es so, dass die brillantesten Formulierungen im Vorgespräch getroffen werden und das eigentliche Interview dann nur noch ein Abklatsch ist, weil der Interviewpartner permanent bemüht ist, die Formulierungen aus dem ersten Durchgang wieder zu finden. Oder es kommt gar zu Bemerkungen wie »Wie ich schon vorhin sagte (...)«. Wer das Interview vorher probt, der hat im Aufnahme-Durchlauf keinerlei Spontaneität mehr zur Verfügung.

Wenn Sie ankommen, sollten Sie Aufnahmegerät und Mikrofon gleich auspacken und beiläufig installieren. Nicht erst dann, wenn es nach dem Vorgespräch losgeht. Wenn das Gerät von Anfang an sichtbar da steht, kann der Interviewpartner sich an den Anblick der Technik gewöhnen.

Bei ungeübten Interviewpartnern haben Sie als Journalist eine erhöhte Verantwortung. Nicht selten passiert es, dass der Interviewpartner sich so frei redet, dass er das Mikrofon völlig vergisst und Intimstes preis gibt bis hin zu Details, die ihm in der Öffentlichkeit schaden oder sein Ansehen herabsetzen würden. Wenn Sie solche Originaltöne nutzen, würden Sie Ihren Gesprächspartner »vorführen«. Grundsätzlich ist besondere Behutsamkeit geboten bei persönlichen Themen – Extremfall: Tod, sexueller Missbrauch, dramatische Erkrankungen. Wer persönliche Fragen stellt, muss ganz offen sein für jede Antwort und darf auch nur weiterfragen auf Basis der Antworten.

Interviewführung

Während der Aufnahme sollte der Journalist auf folgende Punkte achten:

Vor Beginn

- Eine kurze Probeaufnahme machen, wenn die Zeit bleibt
- Setzen Sie sich Ihrem Gesprächspartner schräg gegenüber, nicht vor seinen Schreibtisch. Ansonsten wird nach einer Minute Ihr Arm lahm
- Gegebenenfalls noch mal darauf hinweisen, dass die Fragen hinterher rausgeschnitten werden und nicht zu hören sind und dass deshalb grammatikalisch vollständige Sätze nötig sind

Technik

- Geben Sie niemals das Mikrofon aus der Hand. Unerfahrene Gesprächspartner neigen dazu, Ihnen bei Beginn des Interviews das Mikrofon aus der Hand nehmen zu wollen. Aber Sie müssen den Gesprächsverlauf bestimmen und unterbrechen können oder mit einer Frage nachhaken. Wenn Ihr Interviewpartner das Mikrofon in der Hand hält, sind Sie ihm ausgeliefert – auch in einem psychologischen Sinne
- Achten Sie darauf, dass zwischen Aufnahmegerät und Mikrofon während des Interviews genügend Abstand ist, um die Bandgeräusche nicht mit aufzunehmen
- Bilden Sie mit dem Mikrofonkabel eine Schlaufe und halten Sie die mit dem Mikrofon fest in der Hand. So vermeiden Sie Knackgeräusche am Kabelstecker, die Ihnen unter Umständen eine ganze Aufnahme ruinieren können
- Achten Sie darauf, dass Ihr Kabel nicht gegen die Tischkante schlägt. Die dadurch verursachten Geräusche sind auf der Aufnahme laut zu hören
- Nervöse Gesprächspartner klopfen mit den Fingern auf die Tischkante, klicken mit dem Kuli, rutschen mit ihrem Stuhl hin und her. Machen Sie Ihren Interviewpartner dar-

auf aufmerksam, dass sich das auf der Aufnahme äußerst laut und störend bemerkbar macht

- Halten Sie das Mikrofon so ruhig wie möglich. Bewegungen während der Aufnahme rächen sich mit Knackgeräuschen
- Zwischendurch ein Ohr dafür haben, ob es störende Neben- oder Außengeräusche gibt: Flugzeug, Lastwagen, schleudernde Waschmaschine, Kaffeemaschine oder knarrender Korbstuhl
- Nach dem Interview unbedingt checken, ob das Aufnahmegerät mitgeschnitten hat

Während des Interviews

- Mindestens ebenso wichtig wie das Technikohr ist das Beziehungsohr beim Interview. Nonverbale Kommunikation, Gestik und Mimik dürfen nicht vernachlässigt werden. Das heißt zum Beispiel: interessierter oder zustimmender Blick, stummes Nicken, die in Falten gezogene Stirn, Erstaunen, Befremden signalisieren, vor allem aber Blickkontakt, offener Blickkontakt, um dem Gegenüber zu signalisieren: Ich höre Dir sehr aufmerksam zu. Was Du sagst, ist interessant
- Stellen Sie kurze Fragen. Mit der Kürze oder Länge Ihrer Antworten geben Sie die Diktion für Ihren Interviewpartner vor. Wenn Sie in Ihren Fragen schwafeln, abschweifen und umschreiben – so wird Ihr Interviewpartner in ähnlicher Diktion antworten
- Stellen Sie immer nur eine Frage. Anfänger neigen dazu, mehrere Fragen aneinander zu reihen oder Ihre Fragen mit anderen Worten noch mal zu wiederholen
- Eine der wichtigsten Regeln: gut zuhören. Wer gut zuhört, findet meist immer eine Anschlussfrage
- Nachfragen, wenn etwas unlogisch oder unverständlich ist. Was Sie nicht verstehen, versteht der Hörer auch nicht
- Darauf achten, dass der Interviewpartner keine Expertensprache und Fachbegriffe benutzt. Wenn, dann um Erklärung bitten

- Sich zurückhalten mit Urteilen und Einschätzungen während des Interviews, besser an Dritte delegieren: »Viele Bürger haben aber Angst, dass (...)«, » Betroffene sind da aber anderer Meinung (...)«

- Fragen, die nicht beantwortet werden, wiederholen

- Wenn der Interviewpartner zu abstrakt antwortet, nach konkreten Beispielen fragen

- Ganz wichtig: kein »äh«, kein »ja«, kein »hm«, während der Andere spricht. Das ist eine Disziplinlosigkeit, die sich beim Schneiden bitter rächt. Der Radiojournalist muss das stumme Zuhören lernen

- Hat der Interviewpartner sich versprochen? Ist ein Satz unvollständig? Hat er sich in einer doppelten Verneinung verheddert?

- Sind die Sätze, die Ihnen auf Anhieb gefallen, grammatikalisch vollständig? Ansonsten den Interviewpartner bitten, den Satz noch mal zu wiederholen mit Hinweis darauf, dass sie ihn so nicht schneiden können. Im Laufe der Zeit entwickeln Sie ein instinktives Gehör beziehungsweise Gespür für gute Sätze

- Wie lang sind die einzelnen Antworten? Nötigenfalls um kürzere Antworten bitten

- Wenn die O-Töne zu aufgesagt, zu offiziell, zu gestelzt klingen, dann müssen Sie für eine lockerere Gesprächsatmosphäre sorgen. Verwickeln Sie Ihr Gegenüber in ein belangloses Gespräch über Wetter und Blumen und fangen Sie dann – quasi en passant – noch mal an

- Wenn Ihr Interviewpartner ohne Punkt und Komma redet und zu weitschweifig wird, sollten Sie ihn unterbrechen – zum Beispiel mit einer geschlossenen Frage – um sich vor unnötig viel Tonmaterial zu schützen, das Sie hinterher abhören müssen. Denken Sie an Ihre eigene Zeit. Ausnahme: sehr persönliche Themen – hier ist klar, dass sich ehrliche, offene Antworten langsam entwickeln müssen und Sie durch harte Fragen nur an der Oberfläche bleiben

- Wenn das Gegenüber gar nicht mehr zu stoppen ist, wenn Sie mit keiner Frage zwischen seinen Redefluss kommen, gibt es eine elegante Methode: ihn mit seinem Namen ansprechen – der Andere hält garantiert kurz inne und da können Sie dann einsteigen mit der nächsten Frage

- Eröffnet mir der Partner Perspektiven, die ich bisher übersehen habe? Muss ich da nachhaken?

Atmo, Geräusch

- Gibt es typische Geräusche, eine typische Atmo, die verwendet werden können?
- Hat die Atmo einen Bezug zum Thema? Lärm, der nicht zu identifizieren ist, wirkt im Allgemeinen nur störend
- Darauf achten, dass die Hintergrundgeräusche einen Bezug zum Inhalt haben. Der Presslufthammer passt eigentlich nur beim Thema Bauarbeiten oder Beschwerden über Baustellen am Urlaubsort – aber sonst fast nirgends
- Geräusche und Atmo vor Beginn des Interviews und auch am Ende ein paar Sekunden allein aufnehmen. Diese Passagen sind bei der Produktion möglicherweise gut für eine Blende zu gebrauchen
- Hintergrundgeräusche dürfen nicht zu laut sein

Tipp

Es empfiehlt sich grundsätzlich, Atmo und Geräusche aufzunehmen. Meistens ist es sogar die akustisch bessere Variante, diese beiden Elemente gesondert aufzunehmen – ohne Sprache. Wenn Sie sich dafür entscheiden, dann sollten Sie mit dem Mikrofon nahe herangehen, so dass die Qualität gut ist. Bei komplexen Geräuschen – zum Beispiel Bahnhofshalle oder Großstadtlärm – ist es zwar aufwendig, jedoch ratsam, die einzelnen Tonquellen gesondert aufzunehmen und sie hinterher wieder abzumischen. Jedes Element – der ankommende Zug, die Lautsprecherstimme, Menschen am Fahrkartenschalter, ein auf der Straße vorbeifahrendes Auto, ein bremsendes Auto, Schritte, Stimmen, Rufe – all das sollte man separat, aus der Nähe, aufnehmen. Das wirkt häufig echter als das Original, das ja eigentlich alle Elemente naturgetreu enthält und dennoch oft keine realistische Wirkung hat.

5.5 Materialschlacht –
Sichten, Ordnen, Auswählen

Wenn Sie Ihre Interviews geführt haben und mit Ihren Originaltönen zufrieden sind, beginnt der nächste Arbeitsschritt. Das Material muss gesichtet – richtiger: gehört – werden. Der Autor muss entscheiden, welche Originaltöne er nimmt und welche nicht, welche Fakten und Details unbedingt enthalten sein müssen und welche er getrost weglassen kann. Viele Autoren transkribieren ihr Material nicht, hören es jedoch im Laufe des Arbeitsprozesses drei- bis viermal an. Vorhören, Grobauswahl, noch mal hören, Feinauswahl, Schnitt. Sie notieren sich Anfangs- und Endworte, machen sich ein paar Stichpunkte zum Inhalt oder transkribieren das Ausgewählte auch wörtlich. Es gibt aber auch Autoren – oft besonders gründliche und anspruchsvolle – die ihr ganzes Material, dass sie beim Vorhören als in Frage kommend auswählen, transkribieren.

Welches sind Entscheidungskriterien für diesen oder jenen Originalton? Originaltöne werden ausgewählt, weil sie prägnant und pointiert sind, weil sie originell sind, weil sie Lokalkolorit transportieren, weil sie treffend sind in ihrer individuellen Formulierung, weil sie typisch und repräsentativ sind.

Auswahlkriterien inhaltlicher Art

- Wo sind die Originaltöne besonders konkret, farbig, plastisch, spannend?
- Was spricht den Autoren besonders an? Und somit vermutlich auch den Hörer?
- Wo fasst der Interviewpartner bündig zusammen?
- Welche Aussagen sind für den Kontext des Themas von besonderer Bedeutung?

Das ist die inhaltliche Seite, das inhaltliche Ohr sozusagen. Aber gleichzeitig ist das formale Ohr zu spitzen.

Auswahlkriterien formaler Art

- Wo lässt sich der Originalton schneiden? Wo ist die Einheit grammatikalisch vollständig? Wo sind störende Geräusche, die eigene Stimme, ein Husten oder ein lautes Auto drunter?
- Wo fließen die Worte zu sehr ineinander?
- Verändert sich der akustische Hintergrund?
- Wo sind störende »äh«'s und »mh«'s, die sich schlecht schneiden lassen?

Auch Sätze mit vielen Versprechern kann man häufig doch gebrauchen, wenn der Inhalt überzeugend ist. Denn Versprecher, Wiederholungen, Nebensätze und Stotterer lassen sich rausschneiden, so dass das Zuhören nicht zur Qual wird.

Was tun mit Sätzen, die inhaltlich wichtig sind, die man gern oder unbedingt nehmen möchte, vom Satzbau her aber schlecht oder gar eine Katastrophe sind?

Beispiel Kürzen

Einen aufgeblähten Schachtelsatz mit etlichen Nebensätzen darf man abspecken. Da kann man – wenn es grammatikalisch möglich ist – die Nebensätze wegschneiden.

> »Der emsländische Heimatbund, der seinen Sitz in Sögel hat, und die Arbeitsgemeinschaft Frauen in der Geschichte des Emslandes, die haben ihren Sitz in Lingen, haben vor einigen Jahren, 1990 und drei Jahre später, 1993, zwei Bücher zum Thema ›Wie haben die Frauen früher im Emsland gelebt‹ herausgegeben.«

Dieser Originalton ist zu lang und gestelzt. Ein typisches Beispiel dafür, dass man den Inhalt eines Originaltons besser in den Autorentext mit einfließen lassen sollte. Wenn dieser Originalton aber trotzdem aus irgendwelchen Gründen unbedingt verwendet werden soll, muss einiges aus dem Satz heraus. Konkret: »... der seinen Sitz in Sögel hat ...«, ebenfalls »... die haben ihren Sitz in Lingen ...«, und schließlich »... 1990 und drei Jahre später, 1993 ...«.

Jetzt lautet der Satz:

> »Der emsländische Heimatbund und die Arbeitsgemeinschaft Frauen in der Geschichte des Emslandes haben vor einigen Jahren zwei Bücher zum Thema ›Wie haben die Frauen früher im Emsland gelebt‹ herausgegeben‹.«

Zugegeben: Der Satz ist immer noch nicht sehr schön, aber schon wesentlich besser als das Original. Innerhalb eines Originaltons können Sie beruhigten Gewissens dort kürzen, wo die Äußerungen zu abstrakt, oder zu weitschweifig werden. Langatmige Einführungen: weg damit. Ausufernde Beispiele: weg damit.

Ein anderes Beispiel: Sie haben einen wunderbaren Satz, den Sie für Ihren gebauten Beitrag gern nehmen möchten. Aber der Redner bleibt am Ende des Satzes mit der Stimme oben, weil er noch weiterredet. Was er da sagt, wollen Sie allerdings auf keinen Fall verwenden, weil der Originalton dadurch zu langatmig wird.
Was tun? Wenn man direkt nach dem letzten Wort des Satzes schneidet, klingt das, als ob man dem Redner – im wahrsten Sinne des Wortes – das Wort abgeschnitten hätte. Schneidet man nicht, wird der »Take« zu lang. Hier bleibt nur noch die Möglichkeit, es mit einer Blende zu versuchen. Der Originalton wird gegen Ende langsam ausgeblendet, er wird quasi leiser. Die Lösung ist nicht optimal, aber meistens möglich, wenn der Autor sich in der Bredouille zwischen brillantem Inhalt und akustischen Anforderungen befindet.

Gliederung

Einhergehend mit der Auswahl der Originaltöne formt sich meistens schon eine Ordnung und eine Reihenfolge der einzelnen Elemente im Kopf des Autors. Indem er sich intensiv mit seinem Material auseinandersetzt, um die Entscheidung zu fällen, welche Elemente für seinen gebauten Beitrag relevant sind und welche nicht, gewinnt er einen Überblick und eine Struktur. Häufig ergibt sich eine Reihenfolge oder gar eine Dramaturgie bereits beim Recherchieren und Zuhören während der Interviews – vor allem dann, wenn das Thema unter den Nägeln brennt. Dann entstehen Formulierungen für den Autorentext schon vorher im Kopf. Der rote Faden spinnt sich von selbst. Bei Themen, zu denen der Zugang schwerer fällt, ist es der leichtere Weg, sich auf die Originaltöne zu kaprizieren und sie zunächst in eine sinnvolle Reihenfolge zu bringen.

Wie auch immer sie entstehen mag: Eine klare Gliederung ist für den Beitrag im rein akustischen Medium entscheidend. Der Hörer kann weder im Text zurückblättern noch sich auf die Führung durch das Bild verlassen.

Wie viel Originalton? Wie viel Autorentext?

Das Verhältnis Originalton zu Autorentext variiert von Beitrag zu Beitrag. Verbindliche Angaben gibt es nicht, aber Richt- und Erfahrungswerte. Ein empfohlenes Maß ist zunächst 50 Prozent Originalton und 50 Prozent Autorentext. Wenn die Originaltöne stark und aussagekräftig sind, kann das Mischungsverhältnis auch durchaus 70 zu 30 betragen.

Grundsätzlich sollte man dabei im Hinterkopf haben: Gute Originaltöne machen jeden Beitrag spannender und interessanter. Sie sind authentisch, glaubwürdig, bieten Abwechslung und machen eine Radiosendung lebendiger. Aber zu viel Originaltöne sind ermüdend und verwirrend.

Letztlich entscheidet die Mischung. Der erste Originalton sollte nicht zu lange auf sich warten lassen. Auch die Platzierung der Originaltöne im gebauten Beitrag ist alles andere als beliebig. Der Autor muss ein Gespür für die sinnvolle dramaturgische Verteilung seiner Originaltöne im Beitrag entwickeln. In aller Regel verbieten sich sowohl lange Textpassagen ohne Originalton als auch eine Aneinanderreihung von Originaltönen mit kürzesten zwischengeschobenen Textpassagen. Zwei Sätze sind zu kurz, eine derart kurze Sequenz wird den Hörer in den meisten Fällen eher irritieren als informieren. Mehr als zwei Minuten Originalton am Stück ist zu lang, weil der Hörer zwischendurch die Chance haben muss, sich zu orientieren. Und: Wenn ein Originalton eine gewisse Länge überschreitet, wirkt er dramaturgisch monoton.

Von wenig Einfallsreichtum zeugt folgendes Schema:

Text	O-Ton	Text	O-Ton	Text	O- Ton

Der Wechsel von Originalton und Autorentext ist völlig gleichförmig. Die Struktur der immer gleich langen Bögen wird vom Hörer sehr rasch als monoton und spannungslos empfunden.

Problematisch sind auch folgende Beispiele:

Text	O-Ton	Text	O-Ton

Der Originalton ballt sich in der zweiten Hälfte und wird somit vom Hörer als befremdliches Überraschungsmoment goutiert.

Text	O-Ton	Text

Der Originalton verliert sich im textlastigen Beitrag und wirkt eher störend.

Besser:

O-Ton	Text	O-Ton	Text	O-Ton	Text

Dieses Schema weist Lebendigkeit und Variationen auf.

Dramaturgische Regeln

- Autorentext und Originaltöne sollten relativ gleichmäßig verteilt sein
- Das heißt jedoch keinesfalls, dass die Abfolge rein schematisch strukturiert werden sollte, in der Text und Originalton immer gleich lang sind. Das würde monoton wirken
- Was Sie vermeiden sollten: zuerst ein langer Part mit Autorentext und dann im schnellen Wechsel O-Ton/ Text/ O-Ton/ Text
- Was Sie ebenfalls vermeiden sollten: Der Beitrag besteht ausschließlich aus Autorentext und zwischendrin einem kurzer Originalton. Das ist verwirrend und kann sogar lächerlich bis störend wirken
- Der erste Originalton darf nicht zu lange auf sich warten lassen. Sonst wirkt der ganze Beitrag unprofessionell
- Weder der einzelne Originalton noch die einzelne Autorentextpassage dürfen zu lang sein. Das nimmt dem Beitrag Tempo und Dynamik
- Der einzelne Originalton und die einzelne Autorentextpassage dürfen nicht zu kurz sein. Denn der Hörer benötigt jeweils eine Spanne von ein bis zwei Sätzen, bis er sich auf die jeweils neue Stimme und Raumakustik eingestellt hat

Besondere Mühe und Sorgfalt sollte man auf den Anfang und das Ende des gebauten Beitrags verwenden. Der Anfang entscheidet darüber, ob der Hörer hin hört oder weg hört. Und der Ausstieg aus dem gebauten Beitrag entscheidet darüber, wie der Inhalt im Kopf des Hörers hängen bleibt.

Der Autor sollte diese Regeln im Kopf haben, um sich dann an die Schreibtischarbeit zu machen. Das heißt ausprobieren, verschieben, verändern, den Originalton nach vorn rücken, dann doch wieder nach hinten, bis schließlich der Eindruck entsteht: So kann es gehen!
So kann der gebaute Beitrag spannend und informativ werden.
Ein Schlussstrich unter die Auswahl der Originaltöne ist meistens erst dann zu ziehen, wenn der Autorentext fertig ist. Denn möglicherweise ergeben sich beim Texten noch einige Änderungen bei den Origi-

naltönen. Entweder werden sie doch noch mal umgestellt, gekürzt oder ein weiterer Originalton wird noch dazu genommen.

Schnittplan

Wenn Sie Ihre Originaltöne nicht gleich an Ort und Stelle schneiden, sondern das in einem späteren Arbeitsschritt machen wollen, müssen Sie einen Schnittplan erstellen. Der Schnittplan dient dazu, dass Sie die ausgewählten Originaltöne unmittelbar anfinden und verfügbar haben:

- Die einzelnen Originaltöne müssen durchnummeriert werden
- Anfangs- und Endworte notieren oder aber den gesamten Wortlaut zu Papier bringen
- Tonträger und Timecode notieren

5.6   Mehr als eine Brücke – Texten

In den meisten Fällen hat der Autor die Originaltöne ausgewählt, bevor er mit dem Texten beginnt und hat auch mehr oder weniger eine Dramaturgie oder eine grobe Gliederung im Kopf.

Der Autorentext sorgt für den logischen Aufbau des Beitrags, bietet Informationen und bettet die Originaltöne durch Antexten oder Abtexten in den Beitrag ein. Der Text kann sachlich und trocken sein, er kann aber auch strotzen vor Sprachwitz und Humor – das hängt vom Autor, vom Thema und vom Sendeplatz ab.

Eines sollte klar sein: Der Autorentext darf sich nie darauf beschränken, Brücke zwischen den Originaltönen zu sein und diese lediglich anzutexten. Wer so textet, der arbeitet miserabel.

Sprache zum Sprechen

Wir lernen vom ersten Augenblick unserer Schreibkarriere an, Texte fürs Lesen zu verfassen. Das fängt an in der Grundschule, das ist im Studium so und geht weiter im Berufsleben. Wir haben gelernt, dass Sätze umso imponierender wirken, je komplizierter und verschachtelter sie gebaut sind. Dass sie mehr Eindruck machen, wenn nur Wenige sie verstehen.
Mit dieser Tradition müssen Radiojournalisten brechen. Ihr oberster Grundsatz beim Texten: Sprache ist zum Sprechen. Die Sphären, in denen der Radiojournalist sich bewegt, sind die der gesprochenen Sprache, nicht die der geschriebenen Sprache. Beim Redigieren darf der Text nicht nur gelesen werden, sondern muss vom Autor zur Probe auch gesprochen werden.

Es gibt einen ganz einfachen Leitsatz für Autoren: Die einzelnen Sätze müssen so geschrieben sein, dass man sie auf Anhieb versteht. Der Hörer, der einen Satz nicht verstanden hat, grübelt über die Bedeutung des soeben Gehörten nach oder hört überhaupt nicht mehr zu, aus dem Impetus heraus: Ach, versteh' ich sowieso nicht, interessiert mich nicht.

Zudem ist das Radio im Wesentlichen zu einem typischen Begleit- und Nebenbeimedium geworden, das ohnehin keine aufmerksamen Hörer mehr um sich schart, sondern Menschen, die eigentlich etwas anderes machen und lediglich nebenbei Radio hören. Es gibt eine Reihe von Studien, die zu vergleichbaren Ergebnissen gelangen, was die Sprache anbelangt: Komplizierte Sprache und schlecht präsentierte Sprache überfordert den Hörer und verursacht bei ihm Abschalten – sei es innerlich oder auch faktisch.

Regeln und Grundsätze fürs Schreiben

Es gibt eine Reihe von Regeln und Grundsätzen, die man kennen sollte, wenn man Texte für das Medium Hörfunk verfasst. Regeln und Grundsätze, die sich zum Teil deutlich unterscheiden von denen für Print, Fernsehen und Internet – resultierend aus den Spezifika des rein akustischen Mediums:

- Hörfunk ist ein lineares Medium, dessen Programm unaufhaltsam abläuft und sich quasi versendet. Der Rezipient kann weder langsamer noch schneller hören, er kann nicht »zurückhören« oder noch mal hören
- Die Inhalte des Mediums Hörfunk werden ausschließlich akustisch transportiert. Hörfunk ist ein sehr puristisches Medium. Im Printbereich beispielsweise stehen neben dem Text zahlreiche optische Elemente zur Verfügung: Layout, Fotos, Diagramme, Absätze, Satzzeichen, Hervorhebungen, Unterstreichungen

Fotos, Diagramme, Bilder, Satzzeichen: All das gibt es im akustischen Medium nicht. Was hier zählt, ist die Sprache. Deshalb müssen Hörfunkautoren ein hohes Maß an Sprachsensibilität entwickeln.

Verben

- Wo immer es geht: Verben benutzen, Substantive durch Verben ersetzen. Sehr gebräuchlich, aber schlecht sind vor allem die Substantive, die auf »...-ung« enden.

  »Bundeskanzler Schröder und Außenminister Fischer sind zu einem Gespräch zur Klärung der Frage (...) über eine Unterzeichnung des Vertrages (...) nach Herstellung eines Konsenses in der Koalition zusammengekommen.«

  Klärung, Unterzeichnung, Herstellung: Das ist reinster Nominalstil. Er macht diesen Text schwerfällig und rückt ihn verdächtig in die Nähe von Behördendeutsch.

  »Die Heeresflieger stellten mit ihren CH-53-Maschinen mit dem Absetzen von Fallschirmspringern und mit Löschübungen ihr Können unter Beweis«.

  Das einzige Verb in diesem Satz: »stellen«.

Weitere Beispiele für den zumeist unsinnigen Nominalstil:

Mitteilen	zur Kenntnis bringen
Beginnen	auf den Weg bringen
Untersuchen	einer Untersuchung zuführen
Verschleiern	Verschleierung

Texte, die einem spontan nicht gefallen, leiden häufig unter solch einem Nominalstil.

* Verb nach vorn!

»Gestern Nachmittag bei strahlend blauem Himmel hat der angekündigte Showstar in Begleitung seines neuen Managers auf dem Marburger Marktplatz (...).«

Den Hörer nicht ewig im Ungewissen darüber lassen, was denn nun eigentlich geschieht. Besonders bei »hat«-Konstruktionen Acht geben auf das zerrissene Verb.

* Wo immer es geht, Aktiv benutzen. Das gehört zur sprachlichen Genauigkeit. Das Passiv sollte man nur dann benutzen, wenn tatsächlich etwas »erlitten« wird. Ansonsten ist es immer angebracht, den Urheber beim Namen zu nennen:

»Die Polizei hat die Demonstranten in eine Nebenstraße getrieben.«

Diese Formulierung ist korrekter als:

»Die Demonstranten wurden in eine Nebenstraße getrieben.«

Der Gebrauch des Passivs verschleiert. Damit zusammen hängt im Übrigen auch die zuvor angesprochene Nominallastigkeit. Auch der Nominalstil wirkt verschleiernd. »Wer ein Verb substantiviert, ist nicht mehr gezwungen zu sagen, wer die Handlung ausführt«. (Jürgen Häusermann, Heiner Käppeli [1984], S. 19)

Einfache Sätze

- Kurze Sätze! Sätze entrümpeln! Für jede neue Information, für jeden neuen Gedanken einen eigenen Satz reservieren! Alle Gedankengänge schrittweise entwickeln. Ein Gedanke, eine Information pro Satz reicht. Außerdem: lineare Informationen, ohne Vorwegnahmen, Rückblenden und Einschübe. Der Hörer braucht zunächst die Hauptinformation, um das Folgende – Schritt für Schritt – aufnehmen und verstehen zu können:

»Sollte die beabsichtigte Änderung des Aufnahmegesetzes, mit dem die Finanzierung der Leistungen für in Niedersachsen aufgenommene Asylbewerber neu geregelt wird, in ihrer bisherigen Fassung verabschiedet werden, drohen der Region erneut finanzielle Einbußen in Höhe von zwei Millionen Euro.«

»Das neue Seniorenzentrum des Deutschen Roten Kreuzes in der Innenstadt wurde nach umfangreichen Um- und Neubauarbeiten im Rahmen einer Feierstunde mit zahlreichen prominenten Gästen aus der Politik, den Verbänden und der Wirtschaft eingeweiht.«

»In der kleinen, ländlichen, nicht mehr als 2.000 Einwohner zählenden Gemeinde Schapen finden die vor drei Jahren erstmals initiierten und von der Bevölkerung mit viel Anklang angenommenen Meisterkurse für Violine unter der Leitung der international renommierten und in Deutschland als Expertin geltenden Professorin statt.«

Alle drei Textauszüge sind gelungene Beispiele für einen überladenen Sprachstil, der zur Entrümpelung mit dem Rotstift einlädt.

- Adverbien und Konjunktionen einsetzen: dagegen, trotzdem, auch, denn, während, weil, obwohl, ohne dass. Sie dienen dazu, den Text zu verknüpfen, Verbindungen, Kausalitäten und Zusammenhänge zu unterstreichen.

- Blähstil vermeiden

  »im Kreuzungsbereich«   besser »an der Kreuzung«
  »zum Ausdruck bringen«   besser »ausdrücken«
  »lärmintensiv«   besser »laut«
  »öffentlicher Münzfernsprecher« besser »Telefonzelle«

- Unterschiedlicher Satzbau – nicht immer mit dem Subjekt beginnen. Das wirkt schnell einschläfernd und die Aufmerksamkeit sinkt. Einfachheit heißt nicht Anspruchslosigkeit. Das häufigste Satzmuster ist: Subjekt, Verb, Zeit, Ort, Objekt. »Der Journalist produzierte gestern im Studio den gebauten Beitrag.« Jede Abweichung von diesem Satzmuster widerspricht zunächst der Hörerwartung und wird mit gesteigerter Aufmerksamkeit wahrgenommen.

- Keine Scheu vor grammatikalisch unvollständigen Sätzen, vor dem Anhängen von kurzen Informationen. In der normalen Alltagssprache gibt es häufig angehängte Ergänzungen:

  »Ich komme Morgen vorbei. Um 12 Uhr.«

  »Und deshalb gab sie alles. Neun Musiker, drei Tänzerinnen und mittendrin der inzwischen 60 Jahre alte Star.«

  »Matte Lichtkegel. Wenig später rückt ein anderes, feengleiches Wesen in die Nähe der Elfe, beide schwingen, traumvergessen. Die eine in weißem Tuch. Sie dehnt es mit zum Spagat gespreizten Beinen. Das Licht reduziert ihren Körper auf dieses Paar Beine, die man nur noch als Schattengestalt wahrnimmt. Ein Bett hoch oben in der Luft.«

Redundanz

- Gliederung des gebauten Beitrags deutlich machen. Gedankliche Zwischenschritte einbauen, keine Angst vor Redundanz. Beispiel: »Gegen den Vorschlag gibt es mehrere Einwände«. Und: am Schluss ein Fazit ziehen und das auch so ankündigen: »Fazit des Ganzen ...«

Verständlichkeit

- Behutsamer Umgang mit Zahlen
  Zu viele und zu genaue Zahlen irritieren und erschweren
  das Verständnis. Die Zahlen so einfach wie möglich: nicht
  9,8 Prozent angeben – da muss der Hörer kurz schalten –
  viel leichter ist die Angabe: »knapp 10 Prozent«. Oder:
  nicht 34,7 Prozent angeben, sondern »ein gutes Drittel«.

- Fremdwörter vermeiden
  Wo es sich anbietet, einem deutschen Wort den Vorzug
  geben. Das wichtigste Ziel: Verständlichkeit. Letztendlich
  geht es darum, den Hörer zu erreichen und ihm etwas mit-
  zuteilen. Wie wäre es zum Beispiel, wenn Sie texten: »Die
  Preise in dem südamerikanischen Land sind um zehn Prozent gestiegen« – anstatt: »Die Inflationsrate in dem südamerikanischen Land beträgt zehn Prozent«.

- Abwägender Umgang mit Synonymen
  In der Schule lernen die Schüler, dass in einem guten Text
  ein Begriff nicht zweimal nacheinander verwendet werden
  darf. Im Medium Hörfunk ist hier jedoch Vorsicht geboten.
  Denn wenn Sie jedes Mal ein Synonym verwenden, zwingen Sie Ihre Hörer, gedanklich zu sortieren: »Ach, das ist
  gemeint«. Beispiel: Wenn ich von Abgeordneten spreche,
  sollte ich nicht im nächsten Satz von Parlamentariern oder
  Delegierten oder Sitzungsteilnehmern oder politischen
  Vertretern sprechen. Wenn ich vom Sitz des Bundesrates
  in Berlin berichten will, schreibe ich nicht im zweiten und
  dritten Satz Länderkammer oder die Vertretung der Länder
  oder das Ländergremium, sondern bleibe bei der Vokabel
  Bundesrat! Nicht Abwechslung, sondern Wiederholung
  schafft Verständlichkeit!

Genauigkeit

- Euphemismen vermeiden, wo es geht.
  Entsorgung, Störfall, Trauerfall, mittellos, sozialer Brenn-
  punkt, freigestellte Beschäftigte, Waffenmodernisierung –
  hinter diesen Bezeichnungen verbergen sich zum Teil

dramatische Sachverhalte. Synonyme können manipulieren und verschleiern. Es macht einen Unterschied, ob die Rede ist von Müllverbrennung oder thermischer Verwertung, chemischen Stoffen oder Gift, Preiserhöhung oder Gebührenanpassung.

Meisterstück

Abschließend ein kleines Meisterstück in Sachen Sprachwitz – schwierig, aber wirkungsvoll: gelungene Metaphern. Das folgende Beispiel stammt aus einem gebauten Beitrag über eine neue EU-Verordnung für Pferde.

> »Der Europäischen Union ist alles Wurst, egal ob vom Rind, Schwein oder Pferd. In Belgien ist Pferdefleisch, vielleicht mit einer Portion Fritten dazu, eine Delikatesse. Die Deutschen mögen ihr Pferd jedoch lieber im Stück auf der Koppel (...).«

Sodann ist die Rede davon, dass der Pferdepass aus Verbraucherschutzgründen eingeführt werden soll, damit für ihn sichergestellt ist, dass die Pferde, die er essen will, nicht mit Medikamenten vollgestopft sind.

> »In Brüssel wiehert der Amtsschimmel. Nur wer ihn aufessen will, hat mit dem Pferdepass einen klaren Vorteil.«

Und schließlich dreht sich alles um die Frage, wie man einen Pferdepass in der Praxis einführt.

> »Ein Brandzeichen wie auf der Ponderosa oder ein Chip im Ohr wie bei einem Steiftier sind nicht vorgeschrieben. Aber einen größeren Schnellhefter muss der Reiter künftig immer bei sich führen. In diesem Pferdepass stehen der Name, die Körpergröße (...)«
>
> (Quelle: HR1, »Unterwegs in Hessen«, gebauter Beitrag über EU-Verordnungen für Pferde von Michael Pförtner)

Manuskript

Ein grober Richtwert, damit Sie die Länge Ihres Beitrags einschätzen können: 70 Zeilen zu je 60 Anschlägen ergeben fünf Sendeminuten. Das heißt: Für eine Minute Sendezeit können Sie etwa 15 Zeilen rechnen.

Ein Tipp für Anfänger: Machen Sie ihr Skript lieber zu kurz als zu lang. Gerade zu Beginn neigt man dazu, in die Breite zu recherchieren, in die Breite zu schreiben, möglichst alle Aspekte präsentieren zu wollen. Wenn das Manuskript etwas zu lang ist, ist die Gefahr groß, dass Sie bei den Sprachaufnahmen ein verschärftes Tempo vorlegen und schneller sprechen, weil Sie ja wissen, dass Ihr Text eigentlich zu lang ist. Und das mindert die Verständlichkeit und die Güte Ihres Beitrags mit Sicherheit.

Regeln zur Manuskript-Gestaltung

- Nur eine Seite beschriften
- wählen Sie einen mittleren Zeilenabstand – Faustregel: etwa 30 Zeilen pro Seite
- fügen Sie links einen breiten Rand ein
- machen Sie übersichtliche Absätze. Absätze wirken beim Sprechen wie Pausenvorgaben und strukturieren den Beitrag
- nicht mitten im Wort eine neue Zeile beginnen, Silbentrennung am Zeilenende ist äußerst versprecherträchtig
- nicht mitten im Satz eine neue Seite beginnen
- nicht am Ende der Seite einen neuen Gedanken beginnen und auf der nächsten Seite fortsetzen
- Kein Blocksatz, erschwert das Lesen
- Lange, zusammengesetzte Substantive können Sie mit Bindestrich schreiben, weil sie dann leichter zu lesen sind. Beispiele: Hochschul-Verwaltung, Funkhaus-Eingang. Diese Schreibweise gliedert die Wörter sinnvoller und der Sprecher kann sie beim Vorauslesen leichter erfassen
- Die Angaben Sprecher, Originalton, Atmo, Geräusch, Musik müssen deutlich gekennzeichnet sein: fett, kursiv oder

unterstrichen, an den linken Blattrand eingerückt, wie
auch immer – so dass für alle Beteiligten unmittelbar erkennbar ist, um welches Element es sich handelt

- Zuspielungen – Originaltöne, Atmo, Geräusch, Musik, Archivaufnahmen – müssen genau angegeben werden im
Manuskript, Datenträger, Code, bei Originaltönen zumindest die Anfangs- und Schlussworte der Zuspielung, besser:
der gesamte Wortlaut

- Originaltöne sollten durchnummeriert und mit Längenan-
gaben versehen werden

- Ausgeschriebene Originaltöne kann man typographisch
absetzen vom Autorentext, zum Beispiel einzeiliger Abstand oder kursiv oder eingerückt

- Regieanweisungen wie Blende oder Atmo unter den Autorentext sollten Sie deutlich im Manuskript vermerken und
typographisch absetzen, zum Beispiel mit Großbuchsta-
ben, Doppelklammer, Kursivschrift oder Einrückung

- Bevor Sie Ihr Manuskript abgeben, lesen Sie es sorgfältig
auf Tippfehler durch. Ein falsch gesetztes Komma, ein
grammatikalisches Versehen können oft einen ganz anderen Sinn ergeben als den intendierten. Das führt zu Stress
bei der Produktion

- Machen Sie mehrere Kopien Ihres Manuskripts für die
Technik, den Redakteur und den Sprecher

Beispiel für Manuskriptgestaltung

Sprecherin

Neu ist auch das Fernsehgerät, das millionenfach seinen Einzug in deutsche

Stuben hält.

Musik ((Vorspann von »Bonanza«))

Sprecherin

Bonanza flimmert über den Fernseher und Deutschland bangt mit. Ben

Cartwright ist der Chef der Ponderosa Ranch, Hoss ist eine Seele von

Mensch und Little Joe behält trotz seines gereiften Aussehens ein kindliches

Gemüt. Geheiratet wird auf der Ponderosa sowieso nicht. So manch schöne

Sonntagsfamiliennachmittagsplanung scheiterte an der Frage: »Sind wir

denn auch zu Bonanza wieder hier?«

Und wer kennt ihn, den Klugen Delphin?

O-Ton

((Bd.1, 15'52,13 sec))   »'66 – da hatten wir unseren ersten Fernseher. Da ha-
                                          ben wir jeden Sonntag Morgen im Bett gesessen, ha-
                                          ben Flipper geguckt und gefrühstückt. Da war ich
                                          schon ein Jahr verheiratet. Saßen wir mit dem Früh-
                                          stückstablett im Bett nebeneinander und haben Flipper
                                          geguckt. Das kam immer um 12 Uhr.«

Sprecherin

Und in den 60ern wusste jeder, dass Emma Peel nichts mit John Steed hatte.

Und wie stand es mit der Mode in diesem Jahrzehnt?

Am Beginn war die Mehrzahl der Mädchen und Frauen adrett und nett.

Die »Brigitte« führt ihren Leserinnen vor, wie sie sich wirkungsvoll in

Schale werfen können.

Zitat

((produzieren))   »Romantisch heißt unser erstes Kostüm. Das kurze frühlingsfar-
bene gestreifte Baumwollkleid, mit riesigem in Falten gelegten
Organzakragen und schwarzer Chrysantheme geschmückt, ist
genau das Richtige für den Lieblichen und mädchenhaften Typ.
Die Haare werden durch Toupieren kunstvoll verwirrt«.

Sprecherin

Darunter trug Eva bereits »Triumph«.

Zitat

((produzieren))   »Duftige Spitzen, vollendete Anmut – lassen Sie sich Eleganz und
Schönheit von Ihrem bezaubernden Spiegel-Bild bestätigen – er-
wählen Sie mit Fina das neueste, herrlich leichte Triumph-Modell
zu Ihrem liebsten Büstenhalter«.

O-Ton

((Bd.1, 12'26, 75 sec))   »Ich hab mir dicke Balken um die Augen gemalt, natürlich, und zwar war mandelförmig gefragt und dann
haste dir halt den Strich hier an den Enden noch
hochgezogen«.

Endredigieren

Wenn Ihr Manuskript steht, sollten Sie es noch einmal aufmerksam und kritisch redigieren:

- Kommt die Geschichte als Ganzes rüber, fehlen wichtige Details für das Verständnis?
- Sind die einzelnen Elemente stimmig angeordnet? Ist der Aufbau nachvollziehbar?
- Sind die Autorentexte treffsicher? Ist die Sprache knapp und genau? Ist sie verständlich? Wo kann ich etwas noch knapper sagen? Wie kann ich es noch anschaulicher sagen? Oder noch mehr Interesse erregen? Wo kann ich abstrakte Bezeichnungen in konkrete Details umwandeln? Wo kann ich Fachausdrücke streichen und gebräuchlichere Worte einsetzen?

Wenn die Zeit bleibt – das tut sie nicht immer in der Praxis – so sollten Sie Ihr Manuskript einer unbeteiligten Person vorlegen, die einen neutralen Blick auf das Thema wirft.

5.7   Produktion mit Plan –
Schneiden, Sprechen, Mischen

Schneiden nach Maß

Wenn das Manuskript fertig ist und die Auswahl der Originaltöne abgeschlossen ist, folgt der Schnitt. Der Schnitt besteht aus drei Arbeitsschritten:

- Umschnitt
- Grobschnitt
- Feinschnitt

Heute wird fast nur noch digital geschnitten. Digitaler Schnitt bedeutet, dass die Audiodateien in das digitale Schnittprogramm eingelesen werden. Die Geräusche, die Atmo und die Originaltöne werden auf dem Bildschirm graphisch sichtbar und können mit der Maus bearbeitet werden. Die Originaltöne werden »gesäubert«. Lange Pausen, Versprecher, Wiederholungen, Überflüssiges, Schnaufer: all das wird mittels Mausklick eliminiert.

Noch vor einigen Jahren – zu Zeiten des Analogschnitts – wurden Schnitt und Produktion hauptsächlich von Tontechnikern und Toningenieuren durchgeführt. Der Autor konnte sich auf sein Wesentliches konzentrieren, auf den Inhalt. Für die technische Umsetzung waren Andere zuständig. Das hat sich heute – im digitalen Zeitalter – grundlegend geändert. Von Hörfunkjournalisten wird immer häufiger erwartet, dass sie des digitalen Schnitts mächtig sind. Neueinsteiger jedoch finden durchaus Hilfe und Unterstützung. Im übrigen – das sei hier ausdrücklich vermerkt – bedarf es keiner ausgeprägten technischen Begabung, um den digitalen Schnitt zu erlernen.

Schnittregeln

Gleichgültig, ob Sie einen Tontechniker im Studio haben oder ob Sie selbst schneiden: es gilt einige Schnittregeln zu beachten:

- Grundsätzlich: Ein Schnitt ist dann gut und gelungen, wenn man ihn hinterher nicht hört!
- Bei Hintergrundgeräuschen, Atmo und Musik blenden. Damit erspart man sich harte, abrupte Schnitte. Allerdings kann es natürlich auch sein, dass ein harter Schnitt gewollt ist, um zum Beispiel Gegensätze zu betonen
- Im Allgemeinen nur schneiden, wenn die Stimme unten ist. Ansonsten muss geblendet werden. Oder: ein »und«, einen Atemzug von woanders kopieren und einfügen
- Grundsätzlich wird hart vor einem Wort geschnitten. So bleibt der Atem nach einem Wort stehen und man kann leichter anschließen
- Am Ende nicht hart nach dem Wort schneiden, die Atmo sollte nicht abrupt abreißen

Wenn Sie während einer Pressekonferenz mitgeschnitten haben, kann es sein, dass Sie ebenso glatte wie langweilige Sätze auf Band haben. Die müssen Sie nun schneiden. Eine Anmerkung für diejenigen unter Ihnen, die Skrupel haben: Nebensätze, fachspezifische Begründungen, langwierige Ausführungen rausschneiden, ist nicht nur legitim, sondern sogar erforderlich, um einen guten Radiobeitrag zu produzieren. Andererseits – auch das steht außer Frage – dürfen keine inhaltsändernden und sinnentstellenden Schnitte vorgenommen werden.

Notfalls gnadenlos schneiden

Bei Originaltönen »von der Straße« findet man häufig Sätze, die inhaltlich sehr interessant und brauchbar sind, die aber furchtbar auf die Nerven gehen, weil sie wimmeln von Versprechern, Wiederholungen, Stotterern und grammatikalisch unvollständigen Aussagen. Was tun? Gnadenlos schneiden. Das liegt sowohl im Interesse desjenigen, der diesen Originalton von sich gegeben hat als auch im Interesse des Hörers, der sich genervt abwenden würde, wenn ihm solche Originaltöne präsentiert würden oder aber der Annahme erliegen würde, es handele sich um Comedy.

Dass hier abwägendes Hinhören und Fingerspitzengefühl nötig sind, liegt auf der Hand. Zuviel schneiden kann steril und perfektionistisch und artifiziell klingen. Das ist eine Erfahrungssache. Vertrauen Sie auch hier auf Ihr eigenes Empfinden.

Auf die Worte los – Sprechen

Wenn das Manuskript von der Redaktion abgenommen wurde und die Originaltöne fertig geschnitten auf einem Datenträger vorliegen, können die Sprachaufnahmen beginnen.

Die schnellere Methode ist die Produktion, bei der die Originaltöne nach den Sprachaufnahmen eingefügt werden. Der Autor oder der Sprecher liest den Text hintereinander weg und macht nur da kleine Pausen, wo die einzelnen »Takes« abgelegt werden müssen. Die Originaltöne werden hinterher eingefügt.

Während der Sprachaufnahmen die Originaltöne an ihrer jeweiligen Stelle zuzuspielen, ist die qualitativ bessere Methode, weil Sie sich in Ihrem Sprachduktus der Atmo und der Ebene des Originaltons besser anpassen können. Der gebaute Beitrag wird somit flüssiger und zusammenhängender.

Da es sich beim gebauten Beitrag um eine eher kurze Form handelt, ist in den meisten Fällen auch nur ein Sprecher für den Autorentext vorgesehen. Im Gegensatz zum einstündigen Feature, bei dem häufig mehrere Sprecher zum Einsatz kommen.

Wenn Sie Ihren Autorentext selbst sprechen, so ist oberstes Gebot: laut üben! Das ist die einzige Möglichkeit, um gute Resultate zu erzielen. Es ist unmöglich, nur gedanklich zu üben. Ein guter Sprecher hebt die Wirkung eines Manuskriptes enorm – umgekehrt ebenso: ein schlechter Sprecher kann ein brillantes Manuskript zerstören.

Einige Tipps zum Thema Sprechen

- Sich gut vorbereiten, Text solange üben, bis er sitzt, ihn mit Atem- und Betonungszeichen versehen. Solange ausprobieren, bis man zufrieden ist mit den Betonungen
- Gute und bequeme Körperhaltung während des Sprechens, kein einengender Hosenbund, kein krummer Rücken, dagegen: lockere Schultern. Der Atem darf nicht durch eine schlechte Haltung beeinträchtigt werden
- Möglichst gleichbleibender Abstand zum Mikrofon. Wer zu weit weg ist vom Mikrofon, der hat wenig Präsenz beim Hörer, klingt wie aus einer diffusen Ferne. Wer zu nah ans Mikrofon geht, der verursacht Plopp-Geräusche
- Nicht zu schnell sprechen. Gerade ungeübte Mikrofonsprecher neigen mit magnetischer Kraft dazu, ihren Text schnell, schneller, am schnellsten runterzurappeln, um die Anspannung hinter sich zu lassen, um schnell durchzukommen
- Papiergeräusche vermeiden, Manuskriptblätter vorher zurechtlegen

- Achten Sie auf Ihre Sprachmelodie. Das heißt: Die Stimme deutlich anheben, wo es passend ist und deutlich absenken, wo nötig. Sie sollten die Tonbögen in ihrer Länge unbedingt variieren, weil ansonsten ganz schnell der Eindruck der Monotonie entsteht. Vor allem dann, wenn die Tonbögen sehr kurz sind

- Vorsicht bei der Interpunktion! Ein Komma muss längst nicht immer mitgelesen werden. Das heißt: die Stimme bleibt auch beim Komma gelegentlich unten. Entweder wird das Komma gar nicht beachtet oder es wird als Punkt gelesen

- Ähnlich beim Punkt: Auch ihn muss man nicht zwangsläufig lesen. Nicht bei jedem Punkt sollte die Stimme abgesenkt werden. Im Gegenteil: Wer bei jedem Punkt seine Stimme absenkt, der vermittelt ganz schnell den leiernden Eindruck von immer gleichen Tonbögen

- Auch das Fragezeichen bedeutet keinesfalls, dass man mit der Stimme oben sein sollte. Oft klingt das albern, künstlich und grotesk. Aber das finden Sie selbst durch lautes Lesen heraus. Viele Sätze mit Fragezeichen verlangen am Ende deutlich eher das Senken der Stimme als das Anheben

- Machen Sie Pausen. Pausen sind eines der wichtigsten Gestaltungsmittel beim Sprechen eines Textes. Sie haben eine ähnliche Funktion wie Absätze in Printmedien

- Stichpunkt Atemtechnik: Wir legen die Worte auf unseren ausströmenden Atem. Das ist wichtig zu wissen. Beim Luftholen zum Beispiel kann kein Mensch sprechen, weil das Vehikel - die ausströmende Luft - nicht da ist. Das Wichtigste beim Sprechen ist ruhiges Atmen. Für den Ungeübten ist die Gefahr groß, dass er beim Lesen seines Textes ständig in falschen Sinnzusammenhängen liest, weil er nicht rechtzeitig Atem geholt hat und seine Luftknappheit ihn zwingt, eine Pause zu machen - und zwar gerade an der falschen Stelle

- Grundregel beim Atmen: Gründlich und langsam ausatmen, erst dann ist Platz für das richtige Einatmen. Sie sollten Ihren Atem nicht stauen, dann klingt Ihre Stimme gepresst. Beim Einatmen gerade Körperhaltung - keinesfalls angehobene Schultern - damit die Luft einströmen kann.

Auch darauf achten, dass Sie nicht geräuschvoll ein- oder ausatmen

- Direkt vor der Aufnahme sollten Sie sich laut einlesen, um Ihre Stimmwerkzeuge zu trainieren. Ähnlich wie der Sportler seine Muskeln aufwärmt. Ihre Stimme muss frei und eingesprochen sein. Laut üben ist die einzige Methode, um für seine Sprechweise das rechte Maß zu finden

Indifferenzlage

Jeder Mensch hat eine ganz bestimmte Stimmlage, in der er bequem sprechen kann. Das ist die sogenannte Indifferenzlage. In dieser Höheneinstellung klingt die Stimme am authentischsten und auch am symphatischsten.

Wer aufgeregt oder nervös ist, der neigt schnell dazu, mit einer zu hohen Stimme zu sprechen und seine ihm eigene Indifferenzlage zu verlassen. Folge: Die Stimme klingt nicht mehr »stimmig«. Ein Sprecher kann die Indifferenzlage auch nach unten hin verlieren: Wer betont souverän oder auch autoritär klingen will, neigt dazu, seine Stimme nach unten zu pressen. Auch das wird vom Hörer mit einer negativen Wahrnehmung goutiert.

Wie nun finden Sie Ihre Indifferenzlage? Eine simple, oft zum Erfolg führende Methode ist folgende: Setzen Sie sich bequem hin und brummen Sie bei geschlossenem Mund und unter Kopfnicken ein leichtes »hmmm«. Wenn sie nach einigen Wiederholungen quasi automatisch immer wieder bei dem gleichen Ton landen, dann können Sie davon ausgehen, dass Sie Ihre Indifferenzlage gefunden haben. Aus dieser Indifferenzlage heraus sollten Sie Ihre Texte sprechen.

Auf die Mischung kommt es an – Produzieren im Studio

Wenn

- das Manuskript vorliegt und von der Redaktion abgenommen wurde
- die Originaltöne fertig geschnitten auf einem Datenträger vorliegen

- Sie Ihre Sprachaufnahmen erfolgreich abgeschlossen haben

dann beginnt der letzte Arbeitsschritt: die Montage im Studio.

Die einzelnen Elemente – Autorentext, Originalton, Atmo, Geräusch, Musik – werden in den Tonspuren in die entsprechende Reihenfolge geschoben. Blenden werden eingefügt, um harte und abrupte Schnitte zu vermeiden. Originalton und auch Autorentext werden möglicherweise mit Atmo unterlegt. Oder Atmo und Geräusche werden bereits unter dem Autorentext langsam hochgezogen. Oder sie werden unter dem Autorentext erst langsam ausgeblendet.

Beim Mischen der einzelnen Elemente gilt das Gleiche wie beim Schnitt: Im Zeitalter der digitalen Produktion kommen Hörfunkjournalisten nicht mehr darum herum, das technische Handwerkszeug selbst zu erlernen. Mittlerweile gehört es zum Alltag der Autoren, dass sie ihre gebauten Beiträge selbst produzieren. Und auch hier gilt wiederum: Furcht vor der Technik ist unbegründet.

6. Vom Bauarbeiter zum Baumeister – Vertiefende Einblicke in die Handwerkskunst

6.1 Dramaturgie und Aufbau

Vom Bauarbeiter zum Baumeister – das Handwerkszeug des Neueinsteigers wird mit zunehmender Erfahrung verfeinert und geschliffen. Ein versierter Autor wird bereits während der Recherche und während der Interviews an den Aufbau seines gebauten Beitrags denken. Welche Inhalte sind unverzichtbar für das Thema? Welche Dramaturgie, welche Reihenfolge macht Sinn? Womit kann man am besten einsteigen? Womit einen schönen Schlussakzent setzen? Gibt es eine spezifische Geräuschkulisse oder Atmo für den Einstieg? Gibt es Musik, die einen engen Bezug zum Thema hat? Gibt es passende Zitate?

Eine gut durchdachte Dramaturgie ist für den gebauten Beitrag unverzichtbar. Eine geschickte Gliederung dient dazu, den Hörer quasi an die Hand zu nehmen und ihn akustisch durch das Thema zu führen, seine Aufmerksamkeit zu erregen und ihn zu fesseln.

Häufig erkennbare Strukturen sind:

- Expertenschema
  Nur Experten kommen im Originalton zu Wort
- Betroffenenschema
  Nur Betroffene kommen im Originalton zu Wort
- Pro- und Kontra-Schema unter Betroffenen
  Betroffene mit unterschiedlichen Meinungen kommen zu Wort
- Pro- und Contra-Schema unter Experten
  Experten mit unterschiedlichen Meinungen kommen zu Wort
- Experten-Betroffenen-Schema
  Sowohl Experten als auch Betroffene kommen zu Wort, häufig kontrastierend

Kontraste und Spannungsbögen

Ein guter Autor wird schnell erkennen, wie wichtig Kontraste und Spannungsbögen sind. Ohne Kontrast- und Spannungsmomente wird die Aufmerksamkeit des Hörers nach kurzer Zeit abflauen. Ein knapper Text, der wegen eines neuen Aspekts überrascht, eine Schilderung, die in Spannung versetzt, eine detaillierte Beschreibung, die neugierig macht und den Hörer tiefer in das Thema hineinzieht – all das sind Möglichkeiten, den Hörer zu fesseln.

Weitere dramaturgische Muster, die mit Kontrasten und Spannungsbögen arbeiten, sind:

- Aufklärung im Verlaufe eines Beitrags
- Vom Äußeren zum Inneren, vom Körper zu inneren Werten
- Positiv – Negativ
- David gegen Goliath
- Überraschung durch Aussage
- Subjektives Empfinden versus Expertenobjektivität
- Persönliches kontrastiert mit Politischem
- Gegenwart kontrastiert mit Vergangenheit

- Differenzierung nach sozialen Klassen
- Umwelt kontra Mensch
- Links gegen Rechts
- Gegenwart – Zukunft
- Stille versus Lärm
- Klischee versus Realität
- Massen versus Individuum
- Erwartung versus Realität

Ebenso verbreitet wie wirkungsvoll und einfach ist das Experten-Betroffenheits-Schema. Im Originalton kommen Betroffene und Experten zu Wort:

- Die von einer Neuregelung oder von einem Sachverhalt »Betroffenen«, von Arbeitslosigkeit, von einem Unglück, von einer neuen Verordnung, von der Arbeitsrechtsreform
- Die »Experten«, die nicht direkt betroffen sind, sondern auf Grund ihrer Zuständigkeit, ihres Expertenwissens, ihrer Erfahrung neue Akzente, Informationen und Hintergrundwissen einbringen

Beispiel für Experten-Betroffenen-Schema

Im folgenden Beispiel – einem gebauten Beitrag über die Frankfurter Innenstadt – wird mit dem Experten-Betroffenen-Schema gearbeitet.

Sprecherin

Die Frankfurter Innenstadt verändert ständig ihr Gesicht. Sie ist bunt, lebendig und vielseitig. Das gefällt Martin Wenz, der hier mehr als zehn Jahre lang städteplanerischer Chef war. Das ist für ihn urbanes Leben. Das Viertel rund um sein Büro nahe der Frankfurter Paulskirche sei beispielsweise jahrelang totgesagt worden und nun reihe sich ein Straßencafé ans andere. Auch in der Innenstadt habe sich einiges verändert, es gäbe dort wieder Wohnraum. Denn Wenz hatte gesagt, nur noch Büroraum in der Innenstadt, wenn auch Wohnungen entstehen.

O-Ton Wenz

Das sind zwar hier fünfzig Wohnungen, dort zwanzig Wohnungen oder mal in der Spitze eines Hochhauses wie beim Euroturm noch mal zwanzig Wohnungen. Das sind nicht die großen Zahlen. Aber das Wichtige ist, dass die Straßen in der Innenstadt bewohnt sind, also nachts die Fenster erleuchtet und man sieht, da sind Menschen noch da und nicht nur tot.

Sprecherin

Das geht manchen aber nicht weit genug. Sie stellen sich eine belebte Innenstadt anders vor.

O-Ton (Passant 1)

Vielleicht ein Theater oder so etwas noch, Kabarett. Was Kulturelles.

O-Ton (Passant 2)

McDonald's hat auf, sonst nichts. Hier gibt es ja nicht einmal ein gescheites Café.

O-Ton (Passant 3)

Abends ist die Zeil hier absolut tot. Es gibt überhaupt kein Lokal, was überhaupt ansprechbar ist auf der Zeil, wo man abends mal hingeben kann, wär schon wünschenswert.

Sprecherin

Dem stimmt Wenz sofort zu.

O-Ton Wenz

Die Zeil ist ohne Zweifel ein Ausnahmebereich auf Grund der großen Kaufhäuser. Der Vorteil der Zeil sind die großen Kaufhäuser. Und das ist zugleich auch ihr Nachteil. Dort gibt es zu wenig Restaurants, dort wohnt keiner mehr. Die Stadtplanung war immer bemüht gewesen, jetzt möglichst die Kaufhauskonzerne anzuhalten, dass wenigstens im Erdgeschoss etwas zusätzliche Gastronomie reinkommt, um mehr Lebendigkeit zu bekommen.

Sprecherin

Mehr Gastronomie, ja, auch eine Kinderbetreuung und eine Gepäckaufbe-
wahrung, aber keine grundsätzliche andere Planung für die Innenstadt.
Obwohl der Einzelhandel abzieht, immer mehr Ketten sich breit machen
und die verschiedenen Einkaufsstraßen wie ein Ei dem anderen gleichen
lassen. Das ist nichts, was dem Menschen geschieht, sagt Wenz. Da machen sie selbst aktiv mit. Abstimmung mit den Füßen durch Konsumverhal-
ten, sagt er.

O-Ton Wenz

Und deswegen hilft eigentlich kein Beschweren. Wir kaufen ein, als Menschen entscheiden wir uns, gehen wir in die Innenstadt oder gehen wir in
das Shopping-Center auf der grünen Wiese.

Sprecherin

Stichwort Wettbewerb. Städteplanung kann nicht nur nach sozialen oder
kulturellen Aspekten gehen.

O-Ton Wenz

Die Kunst der Stadtplanung ist für die Investoren, Bauherren, Maßstäbe zu
setzen, die auf der einen Seite das Bauen ermöglichen, das heißt, es muss
schon eine Wertschöpfung auf den Grundstücken sein. Die Bauherren wollen einen Gewinn haben und auf der anderen Seite sie so zu begrenzen,
dass die Stadt in ihren Proportionen, in ihrer Figur, dass, was den ganzen
Stadtkörper ausmacht, erhalten bleibt und nicht zerstört wird.

Sprecherin

Den Untergang ganzer Städte oder Slums wie in Amerika, das sieht Wenz
nicht kommen, schon gar nicht in Frankfurt. Alles Kulturpessimismus, sagt
er. Wie in den siebziger Jahren. Und die düsteren Prophezeiungen von
damals hätten sich ja schließlich auch nicht bewahrheitet.

(Quelle: HR1, »Start«, gebauter Beitrag über die Frankfurter Innenstadt von Ute Fritzel)

Das Schema ist einfach. Es gibt einen Experten mit tragendem Infor-
mationspart – den Städteplaner Martin Wenz – der eine große Präsenz hat. Im Autorentext werden die klar dominierenden Originaltöne meistens nur kurz angetextet. Dann gibt es einige Betroffene, die
in Frankfurt leben und die Vor- und Nachteile dieser Stadt hautnah
kennen. Im gebauten Beitrag erscheinen ihre Aussagen als Passan-
tenumfrage. Zum einen fungieren sie als Betroffene, zum anderen
aber auch als Beleg für den vorausgehenden Autorentext.
Der Autorentext enthält sehr viel indirekte Rede – das heißt: Zitate
des Experten. Insgesamt ist dieser gebaute Beitrag stark expertenlastig mit kurzem Einschub von Betroffenen.

Pro- und Kontra-Beispiel

Das Pro- und Kontra–Schema unter Betroffenen eignet sich gut bei
Themen, die kontrovers und emotional sind – so wie im folgenden
Beispiel:

Anmoderation

Ab übermorgen soll die neue Hundeverordnung in Berlin greifen. Danach
gilt für zwölf Rassen, sowie deren Kreuzungen und Mischlinge ein generel-
ler Maulkorb- und Leinenzwang. Die gleichen Auflagen betreffen übrigens
auch Hunde anderer Rassen, die sich auf Grund ihres Verhaltens als ge-
fährlich erwiesen haben. Der Elterninitiative Charlottenburg gehen die neu-
en Auflagen des Senates nicht weit genug. Sie rief heute vor dem Roten
Rathaus zur Kundgebung auf. Von dort berichtet Torsten Gabriel.

O-Ton (Person 1)

Wenn ich mich hier umschaue, ja, wie wenig Leute hier sind! Die Leute, die
hier nicht herkommen, sollte man mal beißen.

Sprecher

Lothar Birkner ist verärgert. Er ist mit seiner Frau extra aus Mariendorf zur
Demonstration vor das Rote Rathaus gekommen. Doch nicht viele zeigten
ähnliches Engagement. Kaum zwei Dutzend sind erschienen, fast überflüssig der Lautsprecherwagen, mit dem die Elterninitiative angereist ist.

Noch bevor die Kundgebung beginnt, macht Lothar Birkner seinem Herzen Luft. Erschütterung über die Kampfhundeattacke in Hamburg vor einer Woche:

O-Ton Birkner

Das ist ja kein Anfall von Beißen, das ist ja richtig töten. Damit ist der Zenit überschritten. Die Kampfhunde gehören eingeschläfert. Ohne Rücksicht, ob sie gutartig sind oder bösartig, spielt keine Rolle.

Sprecher

Neben ihm schiebt eine Frau aus Charlottenburg ihren Kinderwagen über den Platz. Auch sie schüttelt nur den Kopf.

O-Ton (Frau aus Charlottenburg)

Ich habe um meine Kinder Angst. Also, das ist alltäglich, treffen wir auf diese Hunde und wir wechseln die Straßenseite und jetzt ist dieses passiert mit dem Volkan, der getötet worden ist von einem Kampfhund und wir haben die Nase voll. Und der Maulkorb ist nach sechs Wochen hinüber und da wird nicht der nächste gekauft, da bin ich mir sicher. Und ich bin generell dafür, dass diese Viecher weggehören.

Sprecher

Unterstützt wird die Elterninitiative von der Gewerkschaft Erziehung und Wissenschaft, vom Kinderhilfswerk und von der deutschen Kinder- und Jugendstiftung. ›Ich bin Volkans Mörder‹ ist auf einem Plakat zu lesen, das Zitat ist einem Pitbull zugeschrieben, den man daneben geklebt hat. Vom Soforterlass des Senats halten die hier versammelten Eltern nicht viel. Ein Schnellschuss, sagt die Sprecherin der Initiative Nadja Bouhani.

O-Ton Bouhani

Es gibt für die Polizei nichts anders als die Möglichkeit, den Kampfhund, der morgen ohne Maulkorb und Leine angetroffen wird, am Stachelhalsband zum Funkwagen zu ziehen samt Herrchen. Personalien festzustellen, ein Geldbußverfahren in Gang zu setzen und Hund und Herr wieder laufen zu lassen. Das kann mir als Mutter nicht weit genug gehen. Gott bewahre uns vor dem nächsten Zwischenfall. Stellen Sie sich vor, dieser Hund, der gerade überprüft wurde, an der nächsten Ecke geschieht das nächste Unglück.

Sprecher

Ausgekramt hat die Initiative ein CDU-Plakat aus Wahlkampfzeiten: Diepgen rennt. Dem regierenden Bürgermeister haben sie einen Kampfhund auf die Fährte gesetzt. Jetzt sieht es so aus, als flüchte er. Und der Slogan heißt nun: Diepgen rennt davon. Nadja Bouhani kommentiert, der Senat komme seiner Verantwortung nicht nach. Ein sofortiges Verbot dieser Tiere, nur das könne helfen, sagt sie. Und dann kommt Tumult auf. Zwei Kampfhundebesitzer, ohne Hunde, aber mit Transparenten, die von Verleumdung sprechen, gesellen sich zu den Demonstranten. Doch ihre Argumentation steht auf schwachen Füßen. Heftige Reaktionen:

O-Töne (gleichzeitig, Stimmengewirr)

Haben Sie schon mal ein Kind gesehen, dass verblutet ... von einem Kampfhund gebissen ... Nehmt euren Hund von Anfang an an die Leine. Von Anfang an Maulkorb, dann wäre das alles nicht passiert ... Haben Sie Kinder? Ich habe keine Kinder ... Ich habe gesehen, wie die Pitbulls und Rottweiler die Kinder angegriffen haben ... Gegen die Züchter vorgehen, mit der aggressiven Zucht ... Ich persönlich finde auch schrecklich, was passiert ist, aber ich finde genauso schrecklich, dass ich jetzt von Ihnen allen angemacht werde, weil ich mir vor ein paar Jahren einen Hund angeschafft habe. Einen Pitbull habe ich deswegen, weil alle Tierheime voll sind, und weil die Leute ...

Sprecher

Der Rest geht unter. Die Emotionen kommen hoch. Und das werden sie wohl auch noch in den kommenden Wochen.

(Quelle: Hundert,6 – »Kompakt am Abend«, gebauter Beitrag über die Berliner Kampfhundeverordnung von Torsten Gabriel)

In diesem gebauten Beitrag kommen ausschließlich Betroffene im Originalton zu Wort: Hundegegner und Hundebesitzer. Da das Thema Kampfunde ebenso brisant wie kontrovers ist und es auch unterschiedliche Standpunkte unter den Experten gibt, ist die Entscheidung für das Pro- und Kontra-Schema lediglich unter Betroffenen – ohne Hinzuziehung eines außenstehenden Experten – dem Thema angemessen. Auf der Kontra-Seite gibt es drei Hundegegner: O-Ton 1 und 2 stammen von einem resoluten Verfechter der Ansicht, dass Kampfhunde eingeschläfert werden sollen. O-Ton 3 kommt von einer Mutter mit Kinderwagen – einer Betroffenen-Gruppe, an die man sofort denkt, wenn die Rede ist von Kampfhunden. Und O-Ton 4 stammt von der Sprecherin einer Elterninitiative, die schärfere Strafen fordert. O-Ton 5 schließlich bringt Kampfhundebesitzer zu Gehör, die Pro-Seite unter den Betroffenen. Durch das Pro- und Kontra-Schema unter Betroffenen wird das Thema emotionalisiert und polarisiert. Dem Hörer wird die Möglichkeit der Identifikation mit einer der beiden Haltungen geboten.

Veranstaltung und Co.

Jenseits der Dramaturgien, die mit Betroffenen, Experten und Kontrasten arbeiten, gibt es eine sehr populäre Dramaturgie, die schlicht und einfach der Chronologie folgt. Sie wird bevorzugt dort angewandt, wo es thematisch um eine Veranstaltung geht – sei es die Sitzung des Stadtparlaments oder der Landtagsfraktion oder der Parteitag, sei es die Eröffnung des renovierten Kulturzentrums, die Enthüllung des Denkmals mit prominenten Festrednern. Bei diesen Themen – Veranstaltungen im weiteren Sinne – bietet sich die Chronologie als logischer Aufbau an. Der Einstieg in den gebauten Beitrag kann zum Beispiel über Erwartungshaltungen und Hintergründe geschehen oder über den Beginn einer Veranstaltung. Dann kann es weitergehen mit dem Verlauf, den Festrednern, den wichtigsten Aspekten der Diskussion, mit Ergebnissen und neuen Entscheidungen und mit den Höhepunkten der Veranstaltung. Am Ende des gebauten Beitrags kann berichtet werden über den Abschluss der Veranstaltung, ein Fazit gezogen oder Zukunftsperspektiven skizziert werden.

Bevorzugte Dramaturgiemuster einzelner Radioprogramme

monoperspektivisch _____ Pro & Contra

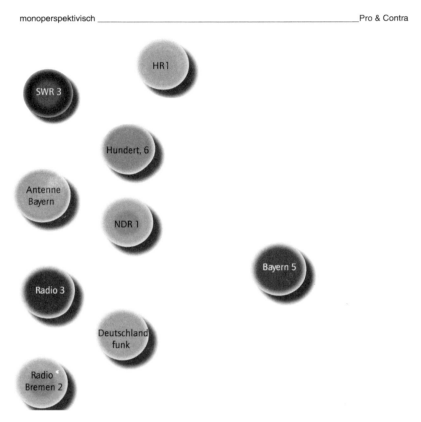

(Graphik 1, gebaute Beiträge in ihrer Ausrichtung auf eine Perspektive bis zur Pro und Contraorientierung; ausgewertet wurde das Programm vom 4. Juli 2000)

Eine Perspektive wird bevorzugt

Die untersuchten Sender tendieren zu einer einseitigen Darstellung der in den gebauten Beiträgen gewählten Themen. Das Pro und Kontra-Schema wird selten benutzt, womit eine spannende Darstellungsform verschenkt wird. Bei HR1 gibt es in elf von 39 gebauten

Beiträgen zu einem Pro und Kontra-Schema. Mehr dramaturgische Beachtung findet das Schema bei Bayern5: in 28 von 47 gebauten Beiträgen kommt es vor. Negative Schlusslichter sind Antenne Bayern und Radio Bremen2: Bei beiden Sendern kommt bei je 16 gebauten Beiträgen nur jeweils ein Pro und Kontra-Schema vor.

Die Erklärung findet sich im täglichen Geschäft: Da viele gebaute Beiträge in newsorientierten Magazinen eingesetzt werden und politische Themen zum Inhalt haben, wird häufig lediglich chronologisch berichtet. Das Einholen von Gegenstimmen würde weitere Zeit beanspruchen – und die ist in der Regel kostbar. Ein ausschließlich auf das Wort spezialisierter und mit entsprechendem Etat ausgestatteter Sender wie Bayern5 scheint da im Vorteil.

Betroffene kommen seltener zu Wort

Die Untersuchung zeigt auch, dass Betroffene in Originaltönen selten vorkommen. In aller Regel greifen die Sender auf Experten zurück. Radio3 arbeitet ausschließlich expertenorientiert, bei HR1 kommen in sechs der 39 untersuchten gebauten Beiträge Betroffene zu Wort, deren Meinung der von Experten zur Seite oder gegenüber gestellt wird. Positive Ausnahmen: Deutschlandfunk und vor allem Hundert,6: Der Berliner Sender verwendete in 24 seiner 29 gebauten Beiträge ein Betroffenen-Experten-Schema. Ein gebauter Beitrag mit ausschließlichen O-Tönen von Betroffenen kommt aber bei allen Sendern sehr selten vor.

Allerdings zeigt sich auch eine interessante Tendenz: Privatsender arbeiten häufiger mit O-Tönen von Betroffenen als Öffentlich-Rechtliche in ihrem Querschnitt.

Betroffene - Experten_____Experten

(Graphik 2, gebaute Beiträge in ihrer Verwendung von Betroffenen und Experten O-Tönen bis zum ausschließlichen Gebrauch von Experten O-Tönen; ausgewertet wurde das Programm vom 4. Juli 2000)

Auf Experten wird gerne zurückgegriffen, weil sie leicht recherchierbar oder gar in den Redaktionen bekannt sind, ansprechbar und häufig kurzfristig verfügbar sind. Teilweise gehört es sogar zu ihrem Beruf, ihre Meinung öffentlich abzugeben. Die Medienerfahrung der Experten macht sich für den Produzenten eines gebauten Beitrags bezahlt: Die »O-Ton geübten« Experten geben ihre Interviews häufig pragmatischer – achten zum Beispiel auf den Zeithorizont – und verfügen in ihrer Person meistens über mehr relevante Informationen zum Thema als Betroffene. Damit machen sie dem Produzenten des gebauten Beitrags weniger Arbeit, da in der Regel das Interview unproblematisch abläuft und nachher auch nicht so viel Material zu schneiden ist. Doch wer nur auf Experten setzt und Betroffene ausblendet, verpasst ein wichtiges dramaturgisches Gestaltungsmittel eines gebauten Beitrags.

6.2   Der Griff nach dem Hörer –
Mögliche Einstiege

Von großer Bedeutung bei einer Radiosendung ist der Einstieg, der Anfang. Er entscheidet darüber, ob der Hörer interessiert hinhört oder desinteressiert weghört. Der Einstieg soll den Hörer ansprechen und zur Aufmerksamkeit bewegen. Informationsleere Einleitungen und Worthülsen haben da nichts zu suchen.

Der Einstieg kann über jedes einzelne akustische Element erfolgen:

- über den Autorentext, gelegentlich in Form einer Frage
- über den Originalton
- über Musik
- über Atmo und Geräusch

Des Weiteren lässt sich der Einstieg differenzieren in:

- Fokus-Einstieg, das ist ein konkreter Einstieg mit knackigen thesenartigen Aussagen und Metaphern, mit der Erzählung eines Details, mit Originaltönen eines Betroffenen
- Horizont-Einstieg als allgemeiner Beginn

«Lieber konkret»	Einstieg in gebauten Beitrag	Meistens konkreter Einstieg	Meistens allgemeiner Einstieg
Antenne Bayern	*häufig O-Ton*	●	
Bayern5	*häufig Autorentext*	50%	50%
Deutschland-funk	*häufig Autorentext*	●	
HR1	*häufig Autorentext*	●	
Hundert,6	*häufig Autorentext*	●	
NDR1	*häufig Autorentext*	●	
Radio3	*gemischt: O-Ton/ Autorentext/ Atmo/ Musik*	●	
Radio Bremen 2	*häufig Autorentext/ Atmo*	●	
SWR3	*Autorentext*		●

(Tab. 2, Auswertung der Programme vom 4. Juli 2000)

Der Einstieg in den gebauten Beitrag erfolgt vorwiegend über den Autorentext, und zwar mit einem konkreten Detail, mit einem Fokus. Dass der Fokus-Einstieg ganz klar dominiert, ist nicht überraschend. Denn wer die Aufmerksamkeit seines Hörers sucht, schafft das sehr viel leichter mit einem konkreten Detail als mit einem allgemeinen Einstieg. Der Fokus-Einstieg ist anschaulicher und lebendiger. Der Horizont-Einstieg ist informativer und kann mehr Daten, Fakten, Hintergründe und Zahlen transportieren.

Einstieg mit Autorentext und Detail

Der Einstieg mit Autorentext und Detail ist mit Abstand der häufigste und gängigste Weg in den gebauten Beitrag hinein. Häufig sogar ergänzen sich Anmoderation und Einstieg: Die Anmoderation eröffnet den Horizont, schafft den Kontext, gibt allgemeine Informationen und der Einstieg in den Beitrag fokussiert ein Detail, greift Konkretes heraus.

Beispiele

Folgendes Beispiel zeigt einen gelungenen Einstieg mit Autorentext und Fokus. Es geht um die Urban 21, die Weltkonferenz zur Zukunft der Städte, die 2000 in Berlin stattfand.

Sprecher

Das Ambiente stimmt zumindest vor den Toren des Tagungszentrums. Der Blick aus dem vornehmen Hyatt-Hotel auf die neuen Hochhausschluchten am Potsdamer Platz erinnerte die Teilnehmer der Weltstädtekonferenz gestern daran, worüber sie bis übermorgen diskutieren wollen: Menschen, Lärm, Schmutz, Baustellen. Das neue Zentrum Berlins steht beispielhaft für die Entwicklung vieler Städte in aller Welt, mögen auch die Probleme in Delhi, Dakar oder Rio von ganz anderer Dimension sein (...)

(Quelle: DLF, »Informationen am Morgen«, gebauter Beitrag über die Urban 21-Konferenz von Frank Capellan)

Der Autorentext ist konkret, plastisch und bildlich. Indem er Details beschreibt, gelingt es ihm, die Aufmerksamkeit des Hörers zu fesseln.

Ein weiteres Beispiel für den Einstieg mit Autorentext und Fokus ist ein gebauter Beitrag über eine Tschernobyl-Tagung 2000 in Berlin. In der Anmoderation werden dem Hörer die Ereignisse von Tschernobyl kurz ins Gedächtnis gerufen. Dann wird übergeleitet zur Tagung in Berlin, wo sich Experten aus aller Welt treffen, um sich Gedanken zu machen über die notwendige Renovierung der bröckelnden Hülle um den Unglücksreaktor. Der Beitrag beginnt mit einem Autorentext:

Sprecherin

Um ein Uhr nachts nach einer 15-Stunden-Schicht im Reaktor vier begann die verhängnisvolle Kettenreaktion. 160.000 Quadratkilometer Fläche rund um den Reaktor wurden verseucht. Die Kontamination zog von dort aus durch ganz Europa. Am schlimmsten traf es Weißrussland (...)

(Quelle: Hundert,6 – »Aktuell«, Beitrag über eine Tschernobyl-Tagung von Stefanie Nies)

Der erste Satz des Textes ist so detailliert und konkret, dass der Hörer hier eine Fortsetzung und eine Auflösung des Spannungsbogens erwartet. Mit den Detailangaben wird die Neugierde des Hörers geschürt. Der zweite Satz jedoch macht einen Sprung, denn es ist dort bereits die Rede von den Folgen dieser verhängnisvollen Kettenreaktion.

Einstieg mit Originalton

Der Einstieg mit Originalton kann in besonderem Maße fesselnd sein und die Neugierde des Hörers wecken.

Beispiele

Ein Beispiel dafür ist der gebaute Beitrag über die Kampfhundeverordnung (Seite 106). In der Anmoderation erfährt der Hörer, dass eine Elterninitiative in Berlin vor dem Roten Rathaus demonstriert, weil sie die neue Verordnung über Maulkorb- und Leinenzwang für einige Hunderassen nicht für ausreichend erachtet. Der Beitrag beginnt mit einem Originalton, der als »Hinhörer« wirkt. Er zieht den Hörer in das Thema hinein.

O-Ton

Wenn ich mich hier umschaue, ja, wie wenig Leute hier sind! Die Leute, die hier nicht herkommen, sollte man mal beißen.

Sprecher

Lothar Birkner ist verärgert. Er ist mit seiner Frau extra aus Mariendorf zur Demonstration vor das Rote Rathaus gekommen. Doch nicht viele zeigten ähnliches Engagement (...)

(Quelle: Hundert,6 – »Kompakt am Abend«, gebauter Beitrag über Kampfhunde-Verordnung von Torsten Gabriel)

Ein weiteres Beispiel für den Einstieg mit Originalton ist der kurze und knapp gebaute Beitrag über Alexander Popp (Seite 33). Völlig unerwartet und sensationell kam Alexander Popp ins Viertelfinale beim Grand-Slam Tennisturnier in Wimbledon im Jahr 2000. Der gebaute Beitrag beginnt mit einem Originalton des Shooting-Stars.

O-Ton Alexander Popp

Hätte ich nie dran geglaubt.

Sprecherin

Tja, jetzt ist es aber so, der Mann, den vorher keiner kannte, hat sich bis ins Viertelfinale durchgeschlagen. Und das durch so tolle Siege wie gegen Michel Chang, Gustavo Kuerten und gestern eben Marc Rosset.

(Quelle: Hundert,6 – »Sport«, gebauter Beitrag über Alexander Popp in Wimbledon von Sonja Paul)

Dieser Originalton »Hätte ich nie dran geglaubt« transportiert in prägnanter Weise die ganze Essenz des Beitrags. Es geht um die Über-raschung, um die unerwartete Wendung, um das »David schlägt Goli-ath«-Prinzip. Hier wird im Übrigen auch deutlich, dass Originaltöne eine höhere Aussagekraft haben als Texte, in denen über etwas be-richtet wird. Man hätte die Information, dass Alexander Popp selbst nie an seinen Erfolg geglaubt hätte, auch in den Autorentext packen können – jedoch einhergehend mit einer Einbuße an Aussagekraft. Wie ist die Stimme dieses Wunderknaben? Wie redet er? Spricht er aufgeregt und atemlos? Oder besonnen und ruhig?

Einstieg mit Atmo und Geräusch

Der Einstieg in den gebauten Beitrag mit Atmo und Geräusch ist in besonderer Weise hörfunkspezifisch. Ein Einstieg mit Atmo und Geräusch kann sehr direkt und packend sein.

Beispiele

Ein Beispiel, wo der Einstieg über Atmo gewählt wird und den Hörer damit gleich in die Szenerie einführt, ist der gebaute Beitrag zum Thema »Saubere Flüsse in Hessen«.

Atmo (Wassergeblubber, Vögelgezwitscher)

Sprecherin

Die Nidda bei Bad Vilbel an der Mündung des Erlenbachs. Am Ufer stehen Pappeln, Weiden und Eichen, im Wasser wachsen Lilien und Teichrosen. Der Fluss sprudelt über die Kiesbänke. Für den Angler Gottfried ein paradiesischer Ort. (...)

(Quelle: HR1, »Thema: Umwelt und Zukunft«, gebauter Beitrag über saubere Flüsse in Hessen von Martina Bittermann)

In einem gebauten Beitrag über jüdische Kultur in Krakau klingen zu Beginn Kirchenglocken. Die Aufmerksamkeit des Hörers ist geweckt. Der dann einsetzende Autorentext greift die Stimmung auf.

Atmo (Kirchenglocken)

Sprecherin

Krakau – italienisches Flair, deutsche Gotik und Wiener Caféhaus-Romantik. In Kazimierz lebten vor den Zweiten Weltkrieg rund 70.000 Juden. (...)

(Quelle: RB2, »Journal am Morgen«, gebauter Beitrag über jüdische Kultur in Krakau von Lotta Wieden)

Ein Beispiel für den Einstieg mit einer spezifischen Atmo ist auch der gebaute Beitrag über den Neuen Zirkus, den Cirque Noveau (Seite 41). In der Anmoderation erfährt der Hörer etwas über die derzeitige Zirkus-Szene, über neuste Tendenzen und Erfolge. In diese Stakkato-Welt der Mosaiksteinchen, die den Zirkus wieder glänzen lassen, wird der Hörer von Anfang an entführt mit einer sehr spezifischen Zirkusatmosphäre.

Atmo (Begrüßung des Zirkuspublikums in französischer Sprache, Musik, Applaus)

Sprecherin

Und endlich geht das Licht aus. Schon das kugelförmige Druckluftzelt, das einer Orbitalstation gleicht, ist einzigartig. Ausgestreckt auf in Reihe gesetzten Liegestühlen sucht der Blick den Himmel des Zeltes nach den Trapezkünstlern ab, die noch versteckt auf drei großen Traversen hocken (...)

(Quelle: Radio3, »Texte und Zeichen«, gebauter Beitrag über die Zirkusgruppe ›Les arts sauts‹ von Sigrid Brinkmann)

Auch Geräusche regen die Assoziationskraft an und lassen Kino im Kopf des Hörers entstehen. Ein startendes Überschallflugzeug, eine Tür, die zugeknallt wird, galoppierende Pferde, das monotone Ping-Pong eines Tischtennisballs: All das sind Geräusche, die ihre Wirkung nicht verfehlen, wenn sie kurz allein zu hören sind, bevor das Wort beginnt. Zu beachten ist hier jedoch, dass nicht jedes Geräusch für den Hörer zu identifizieren ist. Wer den Einstieg mit einem Geräusch plant, muss deshalb auf die Eindeutigkeit des Tones achten.

Dem Volk aufs Maul schauen – Einstieg mit Umfrage

Ebenso beliebt wie wirkungsvoll sind Umfragen in der hörfunkjournalistischen Arbeit. Umfragen eignen sich bei vielen Themen, um ein Stimmungsbild des Volkes einzufangen. Sie sind nicht repräsentativ, aber sie regen die Diskussion an, sie beziehen Stellung und polarisieren die Hörerschaft.

Thomas Christes, freier Mitarbeiter des Norddeutschen Rundfunks in Hannover, hat vielfältige Erfahrungen mit Umfragen auf der Straße.

>>Es kommt immer darauf an, wo und wie man auf Menschen zugeht. Hier ein paar Tipps: Ein Reporter kann durchaus Vorbehalte auslösen, schließlich hält man einem Passanten ein Mikrofon unter die Nase – und das ist nicht jedermanns Sache. Am besten spricht man Menschen an, die in einer Gruppe zusammenstehen. Mein Tipp: den Gruppenzwang ausnutzen! Dabei sind die ersten fünf Sekunden entscheidend. Geht man nett und höflich – vielleicht auch mit etwas Charme und Witz – auf eine Gruppe zu, braucht man eigentlich nur noch das Thema zu nennen. Ein Wort ergibt das andere, die Menschen erzählen dann wie ein Buch! Und so etwas gibt meist die lebendigsten Aufnahmen. Gruppenzwang kann aber auch in die andere Richtung gehen: Lehnt der erste einer Gruppe ab, kann sich jeder Reporter sicher sein, dass die anderen auch nichts sagen werden. In diesem Fall bedankt man sich höflich und erspäht im Augenwinkel schon die nächsten potentiellen O-Ton-Geber.<<

Beispiele

Im folgenden Beispiel transportiert die Umfrage ein Stimmungsbild unter Konzertbesuchern: Tina Turners Deutschlandtournee im Jahr 2000.

O-Ton Konzertbesucher (1)

Das war super. Die Frau darf noch nicht aufhören.

O- Ton Konzertbesucher (2)

Geil, die Frau von 60 Jahren, das ist Wahnsinn.

O-Ton Konzertbesucher (3)

Das war ja so schön, wirklich ganz toll.

O-Ton Konzertbesucher (4)

Sie ist wirklich einfach brillant.

O-Ton Konzertbesucher (5)

Voller Power, überwältigend einfach. Super Show!

Sprecherin

Ja, liebe Antenne Bayern-Hörer. Dem kann ich mich nur anschließen. Wie Tina Turner gestern Abend im Niedersachsenstadion 60.000 Menschen von den Stühlen gerissen hat, war einfach gigantisch. Zwei Stunden lang knisternde Energie zwischen ihr und ihren Fans, alles prickelte. (...)

(Quelle: Antenne Bayern, »Highlife«, gebauter Beitrag über Tina Turners Deutschlandtournee)

Das nächste Beispiel, ein gebauter Beitrag über Autobahnraststätten, beginnt ebenfalls mit einer Umfrage:

Anmoderation

Der Weg in den Urlaub, wie sieht er oft aus. (...) Wie die Rasthäuser bei den Reisenden in Niedersachsen ankommen. Anja Westphal hat die Autofahrer während ihrer Pause am Rasthaus gefragt.

O-Ton (Person 1)

Ich bin eigentlich selten auf der Autobahn. Wenn wir mal unterwegs sind, dann nutzen wir meisten Rastplätze.

O-Ton (Person 2)

Ich war in der Toilette drin und das wars.

O-Ton (Person 3)

Ich war nur auf der Toilette und das war ordentlich, so weit ich das beurteilen kann. Und alles andere kauft man sich und fährt weiter.

O-Ton (Person 4)

Also wir waren gerade in der Raststätte drinnen gewesen. Aber an sich in der Regel bleiben wir doch lieber draußen.

Sprecherin

So wie die meisten Urlauber auf dem Weg in die Ferien. Viele Autofahrer wollen sich während ihrer Pause lieber die Füße vertreten und frische Luft schnappen, als sich in der Raststätte wieder an einen Tisch zu setzen.

(Quelle: NDR1, »Marktplatz«, gebauter Beitrag über Autobahnraststätten von Anja Westphal)

Eine außergewöhnliche, sehr reizvolle Variante des Einstiegs mit Umfrage ist folgende:

O-Ton (Passant 1)

Ein Gedicht?

O-Ton (Passant 2)

Oh je, oh. Nee, fällt mir so schnell nichts ein.

O-Ton (Passant 3)

Nö, ne.

O-Ton (Passant 4)

Die Glocke. Fest gemauert in den Erden steht die Form aus Lehm gebrannt. Heute muss die Glocke werden. Frisch Gesellen. Seid zur Hand.

O-Ton (Passant 5)

Kann keins mehr. Da müsste ich arg nachdenken.

O-Ton (Passant 6)

Schlecht. Ich hab gestern schon komischer Weise überlegt, irgendein Gedicht vom Ribbeck im Havelland oder so ähnlich. Aber keine Chance.

Anmoderation

Man muss schon lange suchen, wenn man Poeten in Frankfurt finden will. Könnten Sie Schillers Glocke aufsagen? Na ja, das Frankfurter Literaturhaus jedenfalls hat ein Ziel in diesem Sommer, es will die Poesie in die Stadt bringen. Ganz groß auf 150 Plakatwänden hängen ab heute die Gedichte, Lyrik statt Werbung. Ute Fritzel hat sich schon mal die Reaktionen angesehen.

Sprecherin

Ein lindgrünes Plakat so groß wie ein Fußballtor. Drauf steht in weiß: Poesie. Und ein Gedicht.

O-Ton (Passant 7)

Kommt das gute Brot des Nordens. Wollen wir stückchenweise braten (...)

(Quelle: HR1, »Heute aktuell«, gebauter Beitrag über Lyrik auf Plakatwänden in Frankfurt von Ute Fritzel)

Noch vor der Anmoderation werden hier Originaltöne respektive eine Umfrage zum Thema eingespielt. Da dieser Einstieg außergewöhnlich ist und stark abweicht von den üblichen Mustern, wird er von den Hörern mit erhöhter Aufmerksamkeit goutiert.

6.3   Flüssig, aber nicht flach –
Regeln zum Antexten der Originaltöne

Wie der Beitrag aufgebaut werden soll, steht fest. Wohin die Originaltöne, die Atmo, die Geräusche platziert werden, ist genauestens überlegt. Welche Inhalte der Autorentext transportieren soll, ist klar und
ein guter Einstieg in den gebauten Beitrag ist auch gefunden. Eine
wichtige Aufgabe steht noch bevor: das Texten und Feilen an den
Übergängen zwischen Autorentext und Originalton, das Antexten der
Originaltöne.
Ob ein gebauter Beitrag gut klingt und beim Hörer ankommt, hängt
stark davon ab, wie diese Übergänge gelungen sind. Wenn ein Originalton folgt, muss für den Hörer in aller Regel klar sein, wer denn da
nun spricht, wie er heißt und in welcher Funktion er spricht. Wenn
nämlich nicht unmittelbar klar ist, welche Person sich hinter dem
Originalton verbirgt, ist der Hörer irritiert und beginnt zu rätseln. Das
stereotype »Dazu sagte der Vorsitzende Hans Meier (...)« klingt spätestens beim zweiten Mal steif und einfältig. Häufig ist es ein Zeichen
von Faulheit, beim Antexten der Originaltöne Namen und Funktion
in den Raum zu werfen.

Einige Regeln zum Antexten

- Im Autorentext nichts vorwegnehmen, was im Originalton
  folgt. Doppelt hält in diesem Fall nicht besser, sondern
  doppelt langweilt!
- Der Übergang zwischen Autorentext und Originalton wirkt
  um so eleganter und flüssiger, je weniger er eine reine An-
  sage ist nach dem Muster: »Hören Sie dazu (...)«, »XY sagte dazu (...)«, » XY äußerte sich wie folgt (...)«
- Am besten sind die flüssigen Überleitungen, wo Originalton und Autorentext nahtlos ineinander greifen
- Es gibt eine hilfreiche Empfehlung: Sie nehmen den ersten
  Satz des Originaltons oder die beiden ersten Sätze und
  formulieren sie um für Ihren Autorentext. Noch flüssiger
  bekommen Sie einen Übergang niemals hin

- Die Reporter-Frage zu Beginn des Originaltons ist überflüssig! Wenn Sie Ihren Autorentext selbst lesen, so ist es sogar unmöglich, weil Ihre Stimme dann in zwei verschiedenen Akustiken hörbar wäre: einmal in der des Studios und einmal in der des Aufnahmeortes. Die Funktion der Frage muss das Antexten des Originaltons übernehmen. Ausnahme: Zwischenfragen des Autors, wenn sie für die Verständlichkeit des Originaltons unbedingt erforderlich sind, aber auch das ist keine gute Lösung
- Eine gute Lösung, die oft hervorragende Wirkung erzielt: den Originalton mit einer Frage antexten

Indirekte Rede leitet flüssig in den Originalton über

Eine sehr elegante Methode, um den Originalton flüssig in den Text einzubetten, ist es, vor dem Originalton in indirekter Rede wiederzugeben, was der folgende O-Ton-Lieferant sagt, denkt oder tut – also das, was er dann im Originalton fortführt. Und genau diese Methode lässt sich auch als wunderbar fließender Übergang vom Originalton wieder zum Text verwenden. Der Originalton endet, im Text wird der Gedankengang des Originaltons fortgeführt.

Beispiele

Dieses Muster findet sich in folgendem Auszug aus einem gebauten Beitrag über die Urban 21, der Weltkonferenz zur Zukunft der Großstädte. Der Originalton ist flüssig in den Text eingebettet.

Sprecher

UNO-Generalsekretär Kofi Annan setzte zum Auftakt die Akzente. Anders als früher drängten und zögen immer mehr Menschen weltweit in die Städte, sie erwarteten sich dort bessere Lebenschancen, häufig sei aber das Gegenteil der Fall. Kofi Annan:

O-Ton

Nearly half ...

(zeitversetzte Übersetzung durch Sprecherin):

Schon die Hälfte der Menschheit lebt heute in Städten (...)

Sprecher

Städte seien zwar ideale Plätze zur Erneuerung, so Kofi Annan, aber sie können auch Orte der Armut und der Arbeitslosigkeit sein. Es müsse mehr geschehen.

(Quelle: HR1, »Heute aktuell«, gebauter Beitrag über die Urban 21 von Giselher Sorge)

Auch im folgenden Beispiel, einem gebauten Beitrag über die Tschernobyl-Tagung im Jahre 2000 in Berlin, ist der Übergang zwischen Autorentext und Originalton absolut flüssig. Beide Elemente bestehen inhaltlich aus einem Guss:

Sprecherin

Am schlimmsten traf es Weißrussland. 70 Prozent der freigesetzten Radioaktivität schlugen sich dort nieder, acht Prozent der Bevölkerung wurden umgesiedelt, berichtet der Hamburg Diplomphysiker Veith Börger, zuständig für den Energiebereich bei Greenpeace.

O-Ton Börger

In Weißrussland ist eine Fläche von 50.000 Quadratkilometern betroffen. Und die Zahl, die mich eigentlich immer am meisten beeindruckt, sind die Kosten. (...)

(Quelle: Hundert,6 – »Aktuell«, gebauter Beitrag über die Tschernobyl-Konferenz von Stefanie Nies)

Antexten mit einer Frage

Eine hervorragend gelungene Verbindung von Autorentext und Originalton findet sich in folgendem Beispiel, einem gebauten Beitrag über einen Gesprächsabend mit Wolfgang Schäuble und Lea Rosh. Nachdem der Hörer erfahren hat, dass es in dem zweistündigen Ge-

spräch um Politisches, Persönliches und Privates ging, stellt der Sprecher die Frage:

> Wie aber lebt der durch und durch politische Mensch Wolfgang Schäuble
> mit der Tatsache, nun aus der zweiten Reihe gestalten zu müssen?

> *O-Ton Schäuble*

> Ach, er lernt das. Man muss solche Veränderungen natürlich bewältigen.
> Da steckt immer ein Stück Enttäuschung dabei. (...)

An späterer Stelle werden Autorentext und Originalton nochmals mit
einer Frage verknüpft:

> *Sprecher*

> Sein Schicksal habe er zu akzeptieren, ob im Leben oder in der Politik. Der
> CDU-Spendenskandal sei nun einmal nicht aus der Welt zu reden. Den-
> noch, Schäuble ein Bauernopfer?

> *O-Ton Schäuble*

> Bauernopfer wäre mir jetzt ein bisschen zu wenig. Also, ich war schon ein
> bisschen ein Schachspieler, eine etwas werthaltigere Figur als nur ein Bau-
> er.

> (Quelle: Hundert,6 – »Berlin-Aktuell«, gebauter Beitrag über einen Gesprächsabend
> mit Wolfgang Schäuble und Lea Rosh von Marc-Christoph Wagner)

Originalton vollendet den Halbsatz des Sprechers

Gelegentlich hört man, wie im Originalton der unvollständige Satz
des Sprechers grammatikalisch vollendet wird. Auf diese Version
greift man zurück, weil ein Satz im Originalton nicht vollständig ist:
weil beim ersten Teil des Satzes das Aufnahmegerät noch nicht lief,
weil ein Huster drauf ist oder ein stark störendes Hintergrundge-
räusch oder weil der Interviewpartner einfach keinen korrekten Satz
gebildet hat. Diese Form des Übergangs zwischen Autorentext und

Originalton sollte jedoch die Ausnahme bleiben. Stilistisch ist sie eine Notlösung.

Sprecher

(..) Der Bau- und Verkehrsminister wünscht sich für die Menschen in den Städten:

O-Ton Klimmt

dass sie eine Grundausstattung haben mit Komfort, dass sie ein Dach überm Kopf haben (...)

(Quelle: DLF, »Informationen am Morgen«, gebauter Beitrag über die Urban 21 von Frank Capellan)

6.4   I speak English –
Was tun mit Originaltönen in anderen Sprachen?

Im radiojournalistischen Alltag passiert es häufig, dass die Interview-partner – Prominente, Experten, Politiker – nicht deutsch sprechen. Ihre Originaltöne müssen übersetzt werden. Selbst bei leichtverständlichen Passagen in Englisch kann man nicht davon ausgehen, dass sie von allen Hörern verstanden werden.

Zum einen hat der fremdsprachige Originalton eine Belegfunktion für den Autorentext – Beleg dafür, dass das Interview tatsächlich stattgefunden hat.
Darüber hinaus jedoch wird im Originalton – auch wenn er fremdsprachig und nicht verständlich ist – das Atmosphärische übertragen, der Klang der Stimme, sprach der Interviewpartner schnell, hastig, langsam, vorsichtig, aufgeregt, zurückhaltend? Ist es eine junge Stimme oder eine alte Stimme? Eine sympatische oder eine kalte Stimme? All das transportiert der Originalton, auch wenn der Inhalt

nicht verstanden wird. Fremdsprachige Originaltöne haben meistens einen sehr hohen Authentizitätswert und erzeugen oder erhöhen das Interesse des Hörers.

Gewöhnlich wird der fremdsprachige Originalton eingeblendet, ist einige Sekunden pur zu hören, bevor er runtergeblendet wird und zeitversetzt die deutsche Übersetzung über den Originalton gelegt wird. Das Original bleibt im Hintergrund zu hören und wird am Ende noch mal kurz hochgezogen.

Eine andere Variante ist es, die Originalstimme am Anfang länger und deutlich einzublenden – bis der Hörer genügend Eindrücke aufgenommen hat – und wenn die Übersetzung beginnt, wird der Originalton vollständig ausgeblendet.

Beispiele: Erzählende Übersetzung

Eine reizvolle Variante kann aber auch die Wiedergabe in der Erzählform sein. In einem gebauten Beitrag über Tina Turners Deutschlandtournee wird die Aufgabe der Übersetzung folgendermaßen gelöst:

Sprecherin

Schön, stark und stimmgewaltig wie eh und je, diese Frau. Und man fragt sich einfach automatisch, wie macht die das mit 60? Antworten darauf hat sie aber selber nicht, wie sie uns bei ihrer Tour verraten hat.

O-Ton Turner

I don't know. It's just me. This is how I am. How I've always been. I care about myself, I take care of myself.

Sprecherin

Sie ist eben wie sie ist. Ein Energiebündel vor dem Herrn. Tina Turner hat 44 Jahre auf der Bühne gestanden und will nun endlich mal Zeit für sich alleine haben.

O-Ton Turner

I've done enough. I've been on stage for 44 years. I never had time for my-self. I need to learn some languages, I would like to learn languages. I would love to see Europe not from a bus or a hotel. I want time for myself now to enjoy life.

Sprecherin

Sprachen will sie lernen, erzählt sie uns, und Europa kennenlernen und nicht länger nur vom Tourbus aus. Und wer weiß, vielleicht treffen wir sie ja mal dann ganz privat in Bayern, denn sie hat selbst fünf Jahre mit ihrem damaligen Freund in Deutschland gelebt und uns verraten, sie kommt im-mer mal wieder ganz gerne zum shoppen her, weil sie weiß, wo die besten Läden sind.

O-Ton Turner

I like Germany. I lived here five years with my boyfriend. It's still, I'm still ve-ry close, I still go there and do my shopping, because I know where places are.

(Quelle: Antenne Bayern, »Highlife«, gebauter Beitrag über Tina Turners Deutsch-landtournee)

Eine interessante Variante ist folgende aus einem Beitrag über die Zirkusgruppe Les arts saus. Hier wird über den französischen Origi-nalton – aus einem Interview mit dem Choreographen der Zirkus-truppe – die Übersetzung gelegt, aber nicht wörtlich, sondern in Erzählform:

O-Ton Ricordel

En chaque culture (...)

Übersetzung durch Sprecherin

Und in jeder Kultur, meint Stéphane Ricordel, hafte dem Fliegen etwas Magisches an. Deshalb auch gleiche sich das Verhalten der Zuschauer, das Staunen über die poetische Kraft des Spektakels. (...)

O-Ton geht weiter

(Quelle: Radio3, »Texte und Zeichen«, gebauter Beitrag über die französische Zirkusgruppe ›Les arts saus‹ von Sigrid Brinkmann)

Auch im folgenden Beispiel laufen die englischsprachigen Originaltöne komplett und erst im darauffolgenden Sprechertext erfährt der
Hörer den Inhalt.

Sprecher

(...) Ohne ihre Handtasche war Margaret Thatcher unvorstellbar. Die Premierministerin im übertragenen Sinne – pardon – nahezu nackt. Als ständiger Begleiter wurde sie nicht nur auf zahlreichen Touren durch das vereinigte Königreich in Stellung gebracht, einer scharfen Klinge gleich drohte
sie auf manchem Eurogipfel. Mit besonderer Vorliebe natürlich vermeintlich
aufmüpfigen Franzosen oder gar Deutschen. Schließlich fand sie sogar
Aufnahme ins Oxford English Dictionary: to handbag, jemanden ebenso
rücksichts- wie gefühllos behandeln.

O-Ton

She clobbered Kohl and Mitterand regularly. And that's how the expression
handbag got into existence.

Sprecher

Der Begriff sei entstanden, sagt Lord Parkinson, ein früherer Vorsitzender
der Konservativen, nachdem sie Mitterand und Kohl damit regelmäßig ü-
berwältigt hatte. (...)

O-Ton

The body language. Depending on how she was feeling on a day - says a
lot about you.

Sprecher

Die Handtasche macht die Körpersprache deutlich, sagt Tracy. Sie zeigt, wie sie sich fühlt. Die Tragweite der Tasche kann viel über dich aussagen.

(Quelle: HR1, »Start«, gebauter Beitrag über Maggie Thatchers Handtasche von Thomas Schmid)

6.5 Knapp und deutlich – Ausstieg aus dem gebauten Beitrag

Für das Ende eines gebauten Beitrags gilt das gleiche wie für den Anfang: kein Geschwafel! Informationsleere Verallgemeinerungen weg! Worthülsen weg! Das Ende soll auch wirklich das Ende sein. Keine langatmigen Zusammenfassungen all dessen, was der Hörer soeben erfahren hat. Dem Hörer nicht alles mundgerecht zerkleinern! Also: die Kunst, einen Punkt zu setzen, zeitig auszusteigen, die Geduld des Hörers nicht überstrapazieren!

Merk-würdiger Schluss

Die Journalistin Corinna Hesse hält neben einem guten dramaturgischen Aufbau, einen guten Einstieg, vor allem einen »merk«-würdigen Schluss für wichtig. Im wahrsten Sinne des Wortes: würdig zu merken.

Originalton am Ende

Ein Originalton am Ende des gebauten Beitrags kann ein heftiger Schlussakzent sein. Allerdings sollte der Autor wissen, dass er demjenigen, mit dessen Originalton er seinen Beitrag enden lässt, Macht einräumt. Und dass er damit Partei ergreift. Dagegen ist nichts einzuwenden – der Autor sollte sich lediglich im Klaren sein über die Wirkung eines Originaltons am Ende seines Beitrags.

Folgender Beitrag über einen betenden Fußballer endet mit einem Originalton:

Sprecher

Was meint Denis Ibrahim: wann kann es mit dem Sprung in die erste Bundesliga klappen?

O-Ton Ibrahim

Nee, das weiß ich nicht. Also, ich hab auch die Erfahrung gemacht, dass man eigentlich nie weiß, was wirklich passiert. Und selbst ein Freund von mir hat einen Vertrag unterschrieben und wie sich das jetzt herausgestellt hat, hat dieser Verein die Lizenz nicht gekriegt. Und da hat er jetzt also doch keinen Verein. Da es also wirklich ein sehr unsicherer Job ist, aber ich weiß das alles in Gottes Hand liegt. Er mir genau das richtige geben wird, was ich brauche.

(Quelle: Hundert,6 – »Gedanken zum Feierabend«, gebauter Beitrag über einen betenden Fußballer von Herbert Weiß)

Indem dieser Originalton am Ende des gebauten Beitrags steht, wird die Aussage in besonderer Weise unterstrichen und hervorgehoben. Implizit bedeutet das natürlich auch: ohne Worte, ohne Kommentar.

7. Bitte herhören!
Anmoderation eines gebauten Beitrags

Die Anmoderation für den gebauten Beitrag ist ähnlich wichtig wie die Gestaltung der Zeitungsseite für die einzelnen Artikel. Auf der Zeitungsseite hat der Leser alles im Blickfeld: Überschriften, Fotos mit Bildunterschriften, Platzierung und Länge des Artikels geben ihm eine Reihe von Informationen, mit deren Hilfe er entscheidet, ob er einen bestimmten Artikel liest oder nicht. Das ist im Medium Hörfunk anders. Hier gibt es nur das gesprochene, unaufhaltsam verklingende Wort. Beim gebauten Beitrag hat die Anmoderation die Aufgabe der Überschrift, des Fotos mit Bildunterschrift, der Platzierung des Artikels zu übernehmen.

In der Anmoderation wird dem Hörer ein Einstieg in den folgenden Beitrag geboten. Die Mittel dazu:

- Thema skizzieren. Wer sagt was, wann, wo, zu wem
- Beitrag in die Vorgeschichte einordnen. Oft über eine Zeitschiene wie zum Beispiel: »Anknüpfend an die Rentendebatte des letzten Sommers (...)«
- Kontext herstellen. Einordnung des Themas in eine politische Debatte, in einen kulturellen oder gesellschaftlichen Kontext

- Nutzwert für den Hörer andeuten. Zum Beispiel über direkte Höreransprache: »Wenn Sie sich auch immer ärgern (...)«
- Spannung erzeugen. Fragen aufwerfen, die der gebaute Beitrag beantwortet

Wichtige Regel

Beim Anmoderieren von gebauten Beiträgen darf die Anmoderation weder den Inhalt des folgenden Beitrags vorwegnehmen noch sich auf langweiligen Allgemeinplätzen aufhalten.

Horizont oder Fokus

Die Anmoderation lässt sich ähnlich differenzieren wie der Einstieg in den gebauten Beitrag. Die Anmoderation ist entweder:

- konkret und setzt beim Fokus an oder
- allgemein und öffnet den Horizont

Eine gelungene Anmoderation, die sich vom Fokus zum Horizont vorarbeitet, ist folgende:

Anmoderation

Acht Tage nach dem tödlichen Pitbull-Angriff auf einen Sechsjährigen in Hamburg zeigt auch Berlin Zähne. Heute beschloss der Senat eine neue Hundeverordnung. Während in Hamburg bereits ein Haltungsverbot für bestimmte Rassen besteht, Kampfhunde bei der Polizei oder im Tierheim abgegeben werden müssen, ist die Berliner Regelung zahmer. Donnerstag soll sie in Kraft treten. Einen Tag nach der Verkündung im Amtsblatt. Ronald Gorny fasst die wesentlichen Punkte zusammen.

(Quelle: Hundert,6 – »Kompakt am Abend«, gebauter Beitrag über Kampfhundeverordnung in Berlin)

Ein weiteres Beispiel, das mit der Vorgeschichte des Themas beginnt:

Moderation

Es war der Super-Gau vor vierzehn Jahren in Tschernobyl. Hastig wurde der Unglücksreaktor eingesargt, doch die Hülle bröckelt. Morgen und übermorgen treffen sich in Berlin Experten aus der ganzen Welt. Dabei soll geklärt werden, wie die dringend notwendige Renovierung finanziert werden soll. Und wie künftig die Stromversorgung in der Ukraine gesichert wird. Stefanie Nies.

Sprecherin

Um ein Uhr nachts nach einer Fünfzehn-Stunden-Schicht im Reaktor vier begann die verhängnisvolle Kettenreaktion. (...)

(Quelle: Hundert,6 – »Aktuell«, gebauter Beitrag über eine Tschernobyl-Tagung)

Welche Informationen enthält die Anmoderation? Super-Gau, Tschernobyl, vor vierzehn Jahren, Hülle bröckelt – das sind die Infos in knapper Form zum Hintergrund der Tagung in Berlin. Damit sind die wichtigsten Informationselemente gegeben, die der Hörer braucht, um die Bedeutung der aktuellen Tagung in Berlin einschätzen zu können.

Beliebt: 3. Person Singular oder Plural

Eine sehr beliebte Variante in der Anmoderation, die für Neugier und Spannung sorgt, ist jene, in der zunächst die Rede ist von einem »er« oder »sie«, inkognito, in der 3. Person Singular oder auch Plural. Ohne ihren oder seinen Namen zu nennen, wird Außergewöhnliches über sie oder ihn berichtet, Auszüge aus der Biographie, Heldentaten, Verdienste, Skurriles. So dass der Hörer endlich wissen will, um wen es sich da handelt.

Beispiele

Anmoderation

Er war Lumpensammler, Zeitungsjunge, Hafenarbeiter, Kohlenträger und er war der Trompeter von Amerika. Ein Kritiker schrieb mal über ihn: Seine Trompete ist wie ein Tauchsieder. Wenn er sie in die Menge hält, fängt sie sofort an zu kochen. Heute am amerikanischen Nationalfeiertag im Jahre 2000 würde Thatchmou Louis Armstrong seinen hundertsten Geburtstag feiern.

(Quelle: HR1, »Start«, Anmoderation eines gebauten Beitrags über Louis Armstrongs 100. Geburtstag)

Anmoderation

Es soll ihre Abschiedstour werden, wieder einmal. Denn nicht zum ersten Mal denkt die 60-Jährige darüber nach, die kuschelige Couch dem Wirbel einer Welttournee vorzuziehen. Gestern Abend Start der vielleicht letzten Tina Turner Deutschland-Tournee in Hannover (...)"

(Quelle: HR1, »Start«, Anmoderation eines gebauten Beitrags über Tina Turners Deutschlandtour)

Achtung: Beitrag beginnt mit Originalton

Wenn der gebaute Beitrag mit einem Originalton beginnt, so muss die Anmoderation punktgenau darauf abgestimmt werden. Wenn die Anmoderation mit Namensnennung des Autors endet und der gebaute Beitrag dann mit einem Originalton beginnt, so nimmt der Hörer an, dass es sich um den Autoren handelt. Das ist in den meisten Fällen irritierend. Es dauert ein Weilchen, bis der Hörer sich orientiert hat und realisiert, dass es sich um einen Interviewpartner handelt – wie im folgenden Beispiel:

Anmoderation

(...) 1972 dem königlichen Konservatorium angegliedert und seit über 25 Jahren auf verschiedene Unterkünfte verteilt, konnte jetzt das neue Haus an der Place Royal beziehen, in repräsentativer Umgebung, an repräsenta-tivem Ort. Sven-Claude Bettinger hat die Bedeutung dieses Musikmuse-ums erkundet.

O-Ton

Das Museum hat angefangen zu sammeln etwa 1870. Der erste Konserva-tor war Victor Majon. Und der hat eigentlich seinen Stempel gedrückt auf diese Sammlung. Majon war industrieller Instrumentenmacher, auch Händ-ler und war auch Akustiker und hatte also keine Vorurteile gegen entweder außereuropäische Instrumente oder technisch nicht so gut ausgestattete Instrumente (...)

Sprecher

Ignatz de Kaiser, Abteilungsleiter im Brüssler Museum für Musikinstrumen-te, zum Ursprung der Sammlung. Mit annähernd 8.000 Exemplaren ist sie die drittgrößte der Welt. Ein Fünftel des Bestandes (...)

(Radio3, »Texte und Zeichen«, gebauter Beitrag über das Museum für Musikinstrumente von Sven-Claude Bettinger)

Abmoderation – ja oder nein?

Macht eine Abmoderation Sinn? Diese Frage wird höchst unterschied-lich beantwortet. Häufig gibt es Abmoderationen in reinen Wort-Magazinen. Dort werden sie mit der Anmoderation für den nächsten Beitrag verknüpft und haben somit eine Überleitungsfunktion zum nächsten Thema.
In der Abmoderation wird häufig gebracht:

- Autorenname
- Termine = Hinweisfunktion
- Kommentare
- Zusätzliche Informationen
- Dank an den Autor

Sehr häufig finden sich Abmoderationen nach gebauten Beiträgen aus dem Themenbereich der regionalen Berichterstattung. In der Abmoderation erhält der Hörer dann zum Beispiel Hinweise auf Veranstaltungen und Termine.

Im Deutschlandfunk werden etwa drei Viertel aller gebauten Beiträge abmoderiert. Die Abmoderationen bestehen in der Regel aus der Wiederholung des Autorennamens und Ortes, gelegentlich auch des Themas und selten weiterer Informationen oder Kommentaren. Ein Zusammenhang zwischen der Länge des Beitrags und dem Vorhandensein einer Abmoderation ist nicht erkennbar.

Beispiele für Abmoderation

Abmoderation

Tina Turner. Gestern Abend Auftakt der Deutschland-Tournee in Hannover. Am 23. Juli ist sie in Bayern im Olympiastadion in München und hier in Highlife mit ›Private Dancer‹.

Quelle: Antenne Bayern, »Highlife«, Abmoderation eines gebauten Beitrags über Tina Turners Deutschlandtournee

Abmoderation

Zum 100. von Louis Armstrong ein Beitrag von Martin Kersten für HR1 Start

Quelle: HR1, »Start«, Abmoderation eines gebauten Beitrags über Louis Armstrongs 100. Geburtstag

Abmoderation

Der Politiker Wolfgang Schäuble. Wie hat er die Schicksalsschläge der Vergangenheit verarbeitet, was plant er für die Zukunft? Die Publizistin Lea Rosh hatte Wolfgang Schäuble gestern Abend in ihrem Salon am Märkischen Ufer eingeladen.

(Quelle: Hundert,6 – »Berlin Aktuell«, Abmoderation eines gebauten Beitrags über Wolfgang Schäuble)

Abmoderation

Tja, die Nerven liegen blank. Die neue Hundeverordnung des Berliner Senats. Unser Topthema dieser Stunde. Bei Hundert,6 Kompakt – das Abendmagazin.

(Quelle: Hundert,6 – »Kompakt am Abend«, Abmoderation eines gebauten Beitrags über eine neue Hundeverordnung in Berlin)

Abmoderation

Ein gelungener Jux eben. Burkhard Müller-Ullrich stellte den Poesieautomaten von Hans-Magnus Enzensberger vor.

(Quelle: RB2, »Journal am Abend«, Abmoderation eines gebauten Beitrags über den Poesieautomaten von Hans Magnus Enzensberger)

Tipps für freie Autoren

Gebaute Beiträge sind fast immer Bestandteil einer Magazinsendung, durch die ein Moderator führt. Der Autor sollte einen Text für die Anmoderation schreiben und der Redaktion respektive der Moderation zur Verfügung stellen, quasi als Service-Element. »Ohne Anmoderationsvorschlag braucht man bei uns gar nicht erst den fertigen Beitrag abzuliefern«, sagt Rainer Kossler, freier Mitarbeiter des Hessischen Rundfunks. »Vorschläge sind hochwillkommen und werden oft übernommen«, erzählt ein Redakteur des BR.

Jeder Autor sollte sich das breite Aufgabenfeld eines Moderators vor Augen führen: Er muss Beiträge ankündigen, Nachinformationen liefern, Gespräche und Interviews führen, Themen einbinden, spontan und kompetent auf Überraschungen und Pannen reagieren. Neben einem breiten Fundament an Bildung braucht er Talent, öffentlich und frei artikulieren zu können. Er kann nicht Experte und Sachkenner auf allen Gebieten sein. Um also eine falsche Einordnung, eine völlig misslungene Kontextherstellung zu vermeiden, empfiehlt es sich, dem Moderator entsprechende Vorschläge für die Anmoderation zu unterbreiten.

Zunächst einmal macht die Ausarbeitung für eine Anmoderation mehr Arbeit, die sich allerdings rasch auszahlt. Der Autor, von dem bekannt ist, dass er nicht nur seinen gebauten Beitrag abliefert, sondern sich auch Gedanken darüber macht, wie er in das Magazin hineinpasst, der Vorschläge für die Anmoderation liefert mit seinem spezifischen Wissen über das Thema, der wird ziemlich schnell den Ruf eines zuverlässigen und gründlichen Mitarbeiters haben.

«Kurz aber gründlich anmoderiert»	Durchschnittliche Länge der Anmoderation	Maximal	Minimal	Meistens Horizonteinstieg	Meistens Fokuseinstieg
Antenne Bayern	27	60	4	50 %	50%
Bayern5	26	50	7	•	
Deutschlandfunk	33	60	5		•
HR1	24	40	10	•	
Hundert,6	18	36	4		•
NDR1	23	45	10	50%	50%
Radio3	54	105	25	•	
Radio Bremen 2	42	56	12	•	
SWR3	24	40	8	•	

(Tab. 3; Anmoderation, Auswertung der Programme vom 4. Juli 2000)

In der empirischen Untersuchung zeigte sich, dass fast alle gebauten Beiträge anmoderiert werden. Die durchschnittliche Länge der Anmoderation liegt bei knapp 30 Sekunden. Die größte Abweichung nach unten weist ein Privatsender auf – Hundert,6 in Berlin mit 18 Sekunden. Die größte Abweichung nach oben hingegen weist ein ausgesprochenes Kulturprogramm auf: Radio3 mit 54 Sekunden Durchschnittslänge in der Anmoderation. Das korrespondiert mit der Länge der gebauten Beiträge in diesem Programm, die mit durchschnittlich 5´10 Minuten an der Spitze unter den erhobenen Programmen steht. Langer Beitrag – lange Anmoderation. Eine ähnliche Tendenz zeigte sich bei RB2, auch dort liegen Länge der Anmoderation und Länge der gebauten Beiträge im Spitzenbereich. Darüber hinaus jedoch wurden keine Zusammenhänge zwischen Länge der Anmoderationen und Länge der gebauten Beiträge festgestellt. Insgesamt verfestigte sich bei den Analysen der Eindruck, dass 30 Sekunden eine gute Zeitspanne sind, um einen gebauten Beitrag anzumoderieren, um die wesentlichen Informationen zu vermitteln.

Die Mehrzahl der Anmoderationen beginnt mit dem Horizont-Prinzip, vom Allgemeinen zum Konkreten des folgenden Beitrags. Lediglich die beiden Privatprogramme, Antenne Bayern und Hundert,6 präferieren eindeutig den Einstieg mit einem Fokus, mit einem konkreten Detail. Fast ausnahmslos wird in der Anmoderation der Autorenname genannt.

Besonderheiten einzelner Programme

Die Anmoderationen bei Radio3 fallen nicht nur durch ihre Länge auf, sondern teilweise auch durch eine gewisse Intellektualität und ihren Sprachwitz in den Formulierungen. In der Regel enden die Anmoderationen formal mit der Nennung des Autoren, der – sinngemäß – das Ereignis xy näher betrachtet hat. Sie sind wegen der kulturellen Themen nicht so eindeutig auf eine konkrete Fragestellung zugespitzt, wie es häufig der Fall ist bei der politischen Berichterstattung.

Im Programm von HR1 findet sich ein beliebtes Muster. Anmoderation und Einstieg in den gebauten Beitrag ergänzen sich, indem die Anmoderation allgemein gehalten wird und eine sachliche Zusammenfassung oder einen Überblick bietet, einen Kontext herstellt – und der gebaute Beitrag beginnt dann mit einem Detail, mit einer zugespitzten Aussage.

Ähnlich exakt sind Anmoderation und Beitragsbeginn bei B5 aufeinander abgestimmt. Dreiviertel der Anmoderationen verlaufen hier
vom Allgemeinen zum Besonderen.

Im Programm von Antenne Bayern fällt Musik als offensichtlich un-
verzichtbares Element bei der Anmoderation auf. Privatsender haben
erkennbar die Tendenz, mit Musik zu untermalen. Der Stil der Anmoderationen ist plaudernd.

Bei Hundert,6 enden die Anmoderationen in der überwiegenden Zahl
mit Konkretem. Konkretes macht neugierig, animiert zum Hinhören,
Konkretes weckt Bilder im Kopf – im Gegensatz zu einer allgemeinen
Anmoderation, die mehr harte Fakten und Hintergründe transportieren kann und tendenziell eher das Kritik- und Urteilsvermögen
schärft.

Im Deutschlandfunk haben die Anmoderationen in der Mehrheit
einen stark sachlichen Charakter. Selten wird mit Emotionalität gearbeitet. Am Ende der Anmoderation folgt standardmäßig die Nennung
des Autorennamens, meistens mit Nennung des Ortes.

8. Autoren im Originalton – Radiojournalisten berichten aus ihrer Praxis

Thomas Christes, freier Mitarbeiter beim Norddeutschen Rundfunk in Hannover

Thomas Christes ist einer, der von sich selbst sagt, dass er sein Hobby zum Beruf gemacht hat – oder umgekehrt? Er ist ›fester freier Mitarbeiter‹ des NDR – das bedeutet: Er hat einen arbeitnehmerähnlichen Status. In einem Rahmenvertrag mit dem NDR wird ihm eine „grundsätzliche Zusammenarbeit" zugesichert. Er bestreitet seinen gesamten Verdienst mit gebauten Beiträgen.

In den Journalismus hineinzukommen, war schwierig, sagt Thomas Christes. Sein Ziel war es von Anfang an, ein Volontariat beim Rundfunk zu machen. Da es nicht sogleich mit einem Ausbildungsplatz klappte, hat er erst mal eine Lehre als Bankkaufmann absolviert. Zugleich begann er aber beim NDR als freier Mitarbeiter und sammelte weitere Hörfunkerfahrungen bei radio-ffn und bei RTL in Luxemburg während eines Auslandspraktikums. Nach Abschluss seiner Lehre hat es dann mit einem Volontariat geklappt, im NRW Lokalfunk. Von 1994 bis 1997 war er Redakteur in seinem Ausbildungssender. Dann kehrte er nach Hannover zurück und begann seine Arbeit beim NDR.

Mittlerweile macht er drei bis vier gebaute Beiträge pro Woche. Fast alle gehen auf Aufträge aus der Redaktion zurück, nur gelegentlich hat er Luft, eigene Themenvorschläge einzubringen. Wie viel Zeit braucht er für einen gebauten Beitrag? Schwer zu sagen, abhängig sei das vor allem von der Zeit, die für die O-Ton-Beschaffung draufgehe, sagt er. Manchmal reicht eine halbstündige Straßenumfrage, manchmal muss er von Hannover nach Göttingen fahren, um dort zu recherchieren, so dass allein die Fahrt schon zweieinhalb Stunden in Anspruch nimmt. Als freier Journalist – weiß Thomas Christes – ist er zugleich auch Kaufmann und muss seine Arbeitszeit in einem guten Verhältnis zum Verdienst sehen. Nicht immer passt das Honorar zum geleisteten Aufwand.

Wenn er sein Thema hat, sammelt er im »Brainstorm-Verfahren« Ideen, spricht mit Kollegen und manchmal auch mit Freunden und Bekannten. Die Interviewpartner sind meist schnell gefunden. O-Töne sammeln ist das A und O – die Grundlage eines jeden Beitrags, sagt Thomas Christes.

Prominenz versus packender O-Ton: Das sind die Pole, zwischen denen er seine Entscheidung fällt, wenn es um die Auswahl der Interviewpartner geht.

> »Selbstverständlich ist es immer gut, O-Töne von Interviewpartnern zu haben, die ein möglichst hohes Amt bekleiden. Unter dem Motto: der Bundesvorsitzende eines Verbandes ist besser als ein Landes- oder Kreisvorsitzender. Nicht immer ist das für den Hörfunk aber die beste Lösung. Im Radio geht es um ›packende‹ O-Töne – oft auch um symphatische Stellungnahmen oder Meinungen. Durchaus kann ein Interviewpartner in niedriger Funktion akustisch weitaus besser wirken als ein Fachkollege, dessen Amt zwei oder drei Stufen höher angesiedelt ist. Kompetenz ist im Journalismus immer wichtig, im Hörfunk darf eine ›lebendige, heitere‹ Sprache aber nie vernachlässigt werden.
>
> Sprich: ein Minister ist prominent und kompetent – aber möglicherweise langweilig, bieder oder er verfällt gar in allzu schwere Kanzleisprache. Oft kann der Sprecher eines Ministeriums die ganze Sache ›umgangssprachlicher‹ rüberbringen. Und wer als Hörfunkjournalist

Minister und die entsprechenden Staatssekretäre und Pressesprecher kennt – dem fällt die Entscheidung leicht.«

Thomas Christes legt bei seinen Interviews sehr viel Wert auf Authentizität, auf Atmo und Geräusche. Die typische Büroatmosphäre versucht er zu vermeiden:

> »So etwas ist im Radio hörbar und spürbar! Triste, langweilige Büros, möglicherweise drei Meter hohe Decken – es hallt! Solche Aufnahmen transportieren unterschwellig Bürokratie, weil sich der Hörer förmlich vorstellen kann, wie verwaltungstechnisch es in diesem Büro Tag für Tag zugeht. Viel spannender sind doch Aufnahmen auf dem Gang oder auf offener Straße. Aufnahmen, bei denen im Hintergrund klingelnde Telefone oder sprechende Mitarbeiter zu hören sind. Gute Mikrofone nehmen eh nur das auf, was unmittelbar vor dem Mikrofon gesprochen wird. Sämtliche Hintergrundgeräusche werden auch im Radio genau so wahrgenommen, als sei man live dabei – Hintergrundgeräusche bleiben im Hintergrund.

> Wie kann es zum Beispiel sein, dass Beiträge über eine Hengstparade in der Sendung sind, in denen nicht einmal ein schnaubendes oder wieherndes Pferd beziehungsweise musikalische Fanfaren vorkommen? Dazu gehören natürlich auch applaudierende Menschen und O-Töne begeisterter Besucher. All das wird miteinander verquickt. Am digitalen Produktionsplatz sind das nur ein paar Mausklicks.«

Da die Originaltöne für ihn tragendes Gerüst sind, hört er sich seine Aufnahmen unzählige Male an. Klar auch, dass er seine O-Töne selbst schneidet.

> »Es muss passen – und manchmal ist das eine wahre Fummelei. Wenn eine Aussage schräg ist, wenn eine Pointe nicht sitzt, wenn etwas ›unsymphatisch‹ klingt – es fliegt raus! So etwas biete ich dem Sender gar nicht erst an. Ich wäre verloren, wenn ich meine O-Töne in andere Hände geben müsste. Ich muss sie ›sehen‹ – als Hüllkurve am Bildschirm. Hier ein Versprecher raus, und da einen überflüssigen Nebensatz weg – das ist meine Philosophie. Wort für Wort tippe ich die

O-Töne in mein Textverarbeitungsprogramm ein. Nur so habe ich den Überblick.«

Thomas Christes ist jemand, der sich fast immer vom Originalton zum Text vorarbeitet. Mit dem Texten beginnt er erst, wenn sämtliche O-Töne, die er für einen Beitrag verwenden möchte, fertig geschnitten vorliegen. Um die O-Töne baut er seinen Text.

Sein Tipp für freie Autoren

»Wer mit Radio noch keine Erfahrung hat und sich für das Medium interessiert, sollte sich unbedingt um einen Praktikumsplatz beziehungsweise um eine Hospitantenstelle bemühen. Das ist bei der mittlerweile großen Rundfunklandschaft heutzutage eigentlich gar kein Problem. Wer sich ernsthaft für die Radioarbeit interessiert, lernt das alles sehr schnell. Wer ein- oder zweimal die Produktion – von der Idee über den Termin bis hin zur Sendung – verfolgt, kann danach meist schon selbst losgehen.«

Was ihn besonders reizt an der Form des gebauten Beitrags? Die O-Töne natürlich. Die Stimmen, nicht nur das, was sie sagen, sondern vor allem, wie sie es sagen:

»Die Stimmen im O-Ton dürfen nämlich alles, was der Autor selbst nicht darf: O-Töne dürfen und sollen Stimmungen transportieren – Glück, Traurigkeit, oder Wut. In O-Tönen darf geschrieen oder gesungen werden, auch Begeisterung und Aggression ist möglich und gewollt. Der Live-Reporter muss dagegen großes Glück haben, damit keine ›Langeweiler‹ auf den Sender kommen.«

Thomas Christes hat keinen Zweifel daran, dass gebaute Beiträge auch in Zukunft gefragt sein werden. Und zwar vor allem beim Hörer. Und er zitiert einen seiner ehemaligen Chefredakteure:

»Ein Beitrag von 2'30 Minuten muss immer interessanter sein als Phil Collins mit ›I can't dance‹. Das klappt natürlich nicht immer. Aber Ziel sollte schon sein, die Anmoderation und den Beitrag so spannend zu gestalten, dass es ein echter ›Hinhörer‹ wird. Sei es durch spannende Informationen oder durch Witz, Charme oder einfach heitere O-Töne.«

Stefanie Nies, Redakteurin bei Hundert,6 – Berlin, Ressort: Außenpolitik/ Europa

Stefanie Nies hat Angewandte Kulturwissenschaften in Lüneburg studiert. Schon vorher und auch während ihres Studiums hat sie als freie Mitarbeiterin bei Tageszeitungen und Privatradios gearbeitet. Ihren ersten gebauten Beitrag machte sie als freie Mitarbeiterin für radio ffn in Hannover und für die Hörfunk-Agentur Rufa. Gerhard Schröder war gerade zum Bundeskanzler gewählt worden, und sie suchte in seinem Wahlkreis Lehrte nach alten Freunden und Bekannten.

Dann hat sie als freie Korrespondentin in New York gearbeitet und schließlich ein Volontariat bei Hundert,6 in Berlin absolviert.

Ihre Alltagsarbeit besteht fast ausschließlich aus der Produktion gebauter Beiträge, im Schnitt einer pro Tag. Für eine gute »Kiez-Reportage« braucht sie einen Arbeitstag. Vorbereitung: zwei Stunden. Aufnahme-Zeit: zwei Stunden. Für das Schneiden des Materials geschätzte anderthalb Stunden. Einsprechen und letzte Schnitte noch mal eine halbe Stunde.

Schneller verarbeiten lassen sich Pressekonferenz-Termine: Mit Ü-Wagen und Techniker ist die Sache in weniger als einer Stunde abgehandelt. Dazu kommen dann allerdings noch rund zwei Stunden Vorbereitung und Pressekonferenz selbst.

Stefanie Nies lehnt Schablonen bei ihrer täglichen Arbeit ab. Sie lässt sich vom Thema und ihren Ideen tragen.

»Es ist eine beliebte, bequeme und unoriginelle Art der Produktion, immer nach demselben Muster zu verfahren. Wer sich auf Muster kapriziert, ist häufig nicht mehr in der Lage, seinem Thema die eigene, wertige Wendung zu geben – man lässt sich dann einfach nicht mehr tief genug in die eigene Geschichte fallen. Ich schätze einzig die Art des originellen Einstiegs, und die zeitige Auslegung des roten Fadens, der sich idealerweise von der Anmoderation bis zur Abmoderation zieht.«

Der übliche gebaute Beitrag in der aktuellen Berichterstattung muss oft mit den Elementen Autorentext und O-Ton auskommen, schlicht und ergreifend aus Zeitgründen. Wann immer es sich anbietet, integriert Stefanie Nies auch Atmo, Geräusch, Musik und Zitate in ihre gebauten Beiträge.

Die Anmoderation ist für sie so etwas wie die Schlagzeile. Entsprechend viel Arbeit verwendet sie auf das Texten und Feilen daran. Und: die Anmoderation formulieren, ist grundsätzlich ihr erster Arbeitsschritt.

»Nur so wird sichergestellt, dass die wichtigste Information, die den Hörer fesselt, auch zum Beitrag-Hören animiert. Sie zum Schluss zu schreiben, beeinflusst auch den Ablauf des Beitrags – eine Kunst für sich und eine Selbstkontrolle, die viel zu wenig ausgeübt wird.«

Stefanie Nies schneidet ihre O-Töne selbst, an ihrem Schnittplatz im Sender oder aber auch auf ihrem Laptop, wenn sie die Möglichkeit hat, von unterwegs per ISDN zu überspielen.
Jedes Thema, sagt Stefanie Nies, eigne sich für einen gebauten Beitrag. Es ist für sie schwer vorstellbar, dass sich zu einem beliebigen Fakt nichts Hintergründiges berichten lässt.

»Selbst eine Straßensperrung kann eine Geschichte sein – beobachtet man etwa den Ablauf, verfolgt den Weg des Schildes. Die Spannung

liegt im Auge des Betrachters. Wer nur aus Kriegen Geschichten machen kann, schreibt allzu oft am Leben vorbei.«

**Der gebaute Beitrag ist Stefanie Nies' Steckenpferd und Lieblings-
form. Was reizt sie an dieser Form?**

»Die geforderte Art, wie man etwas rüberbringen muss: Wie verkaufe
ich knochentrockene Zahlen, beispielsweise die Reform der Berliner
Opernhäuser, so, dass der Hörer – das Beispiel unseres Chefs ist immer: Bei 120 im Corsa auf der Autobahn im Berufsverkehr – den Bericht nicht nur versteht, sondern auch mit Genuss das Radio lauter
stellt?

Und dann, dass man so sehr viel hineinlegen kann. Da steckt auch ein
bisschen Herzblut drin, das ohnehin den roten Faden vorgibt. Und
dass man spielen kann: Kino für's Ohr – eine schöne Vorstellung, dass
sich die Hörer ihre Meinung nach meinem Bilde formen.«

Ihr Tipp für Neueinsteiger

»Lesen, Lesen, Lesen. Nur wer seinen Horizont ständig erweitert – sei
es mit Fachliteratur, Zeitungen, Zeitschriften, Romanen oder Comics
– hat im Ernstfall die richtigen Worte, die Ideen und die Zitate parat –
ich bevorzuge Thomas Mann.

Dann muss man natürlich das Format des Senders, für den man arbeiten will, sehr genau kennen: Zeitpläne, Stilrichtungen, Hörerschaft.
Und: nicht zu billig verkaufen – am Tarifsatz orientieren. Lieber einen
fertigen Beitrag zur Probe abgeben als die Idee – die Idee lässt sich
leicht klauen, wenn man sie erst mal am Telefon ausgeplaudert hat –
bei einem fertigen, guten gebauten Beitrag ist die Hemmschwelle hö-
her.«

Rainer Kossler, freier Mitarbeiter beim Hessischen Rundfunk in Frankfurt

Von Haus aus ist Rainer Kossler Diplomphysiker. Nach seinem Studium rutschte er durch ein Praktikum beim Hessischen Rundfunk in die journalistische Arbeit hinein. Er macht pro Tag ein bis zwei gebaute Beiträge, sie sind also sein täglich Brot – im wahrsten Sinne des Wortes. Er verdient damit mehr als die Hälfte seines Einkommens. Meistens erhält er die Themen von den Redaktionen zugewiesen, hat aber auch regelmäßig eigene Ideen, die er dann umsetzt für die Form eines gebauten Beitrags. Ansonsten macht er Aufsager, Features und Redaktionsdienste.

Für einen guten, sorgfältig recherchierten Beitrag braucht er einen halben bis ganzen Arbeitstag – wenn es schnell gehen muss und O-Töne per Telefon ausreichen, schafft er die Beiträge auch in eineinhalb bis zwei Stunden.

Worauf achtet er, während er die O-Töne aufnimmt?

- Drei bis fünf präzise Fragen, wenn es schnell gehen muss
- Fragen, die das Umfeld des Kernthemas ausleuchten, wenn mehr Zeit ist
- nicht frontal gegenübersitzen, sondern seitlich – das ist eine offenere Atmosphäre
- vorab Thema und sonstige Unklarheiten klären
- Nebengeräusche vermeiden, Fenster zu
- kurzer Blick, ob Aufnahmegerät läuft und Pegel stimmt

Für gewöhnlich steht bei ihm das Auswählen der O-Töne am Anfang. Er liebt den Einstieg mit Atmo, zumindest bei erzählenden Stücken, weil die Atmo am Anfang sofort ins Thema hineinzieht. Auf alle Fälle ist für ihn wichtig, dass der gebaute Beitrag mit einem »Ear-Catcher« beginnt, das kann Atmo sein, aber auch ein Geräusch, ein interessantes Detail oder eine These, die neugierig macht.
In jeden Beitrag, der es inhaltlich und auch zeitlich zulässt, integriert er Atmo. Musik nimmt er bei den Wochenendausgehtipps, weil sie

eine bestimmte Stimmung erzeugen, die inhaltlich zum Thema passen. In aktuellen Beiträgen fehlt eigentlich grundsätzlich die Zeit, Musik und Zitate einzusetzen.

Er schneidet seine Aufnahmen selbst im digitalen System D´Accord im HR. Und auch einen Vorschlag für die Anmoderation liefert er grundsätzlich mit ab, denn: »Ohne Anmoderationsvorschläge braucht man bei uns gar nicht erst den fertigen Beitrag abzuliefern«. Gedanklich fällt ihm die Anmoderation zumeist am schwersten. Er schreibt sie entweder ganz am Anfang oder am Ende des Textens.

Obwohl er sieht, dass die Form des gebauten Beitrags eine sehr arbeitsintensive Form ist, schätzt er ihre Vorzüge: Sie ist vielseitig und sie ist eine sehr kompakte Form. Das Schwerste für ihn: das Weglassen.

> »Man kommt mit Tausend Fakten von der Recherche zurück, aber nur ein Bruchteil lässt sich am Ende rüberbringen. Die Kunst ist es, trotz Verknappung, die wichtigsten Fakten verständlich und richtig rüberzubringen und eventuell auch noch Stimmungen zu transportieren.

> In drei Minuten ein Thema rüberbringen, das eigentlich drei Stunden erfordern würde – die Kunst des Weniger-ist-Mehr. Ein gut gemachter Dreiminüter langweilt nie!

> Man kann durch bildhafte Sprache Kino im Kopf erzeugen, ohne dass das Ganze zum literarischen Selbstzweck wird. Der gebaute Beitrag ist so kurz, dass keine Zeit fürs Schwülstige und Labernde bleibt.«

Sein Tipp für Einsteiger

> »Lieber zu viel O-Ton aufnehmen als zu wenig, wegschmeißen kann man immer noch. Das erhöht die Qualität und Prägnanz der zu verwendenden O-Töne. Der Einstieg sollte ein ›Ear-Catcher‹ sein: ein Geräusch, ein interessantes Detail oder eine These, die neugierig macht. Kurze Sätze, kein geschraubtes Schreibdeutsch, das Ding muss durch den akustischen und inhaltlichen Wechsel Drive haben. Man muss

auch nicht alles sagen, der Hörer versteht viele Gedanken auch trotz
Verknappung.«

Und wie schätzt Rainer Kossler die Zukunft des gebauten Beitrags
ein?

>Ich arbeite bei einer Hörfunk–Informationswelle. Dort geht der
Trend zum Fließprogramm mit kurzen Infohäppchen. Insofern wird
die Bedeutung des gebauten Beitrags eher noch zunehmen, wobei
schon heute nichts mehr ohne geht, zumindest nicht in den Magazinen.«

Rainer Volk, Redakteur beim Bayerischen Rundfunk in München

Rainer Volk hat Diplom-Journalistik an der Universität in München
studiert und promoviert. Er macht gebaute Beiträge sozusagen nebenbei und zusätzlich, weil es ihm Spaß macht und er verkauft sie
dann manchmal auch an andere Sender. Es bringt der Familienkasse –
über das Jahr gerechnet – im besten Fall das 14. Monatsgehalt. Gebaute Beiträge macht er durchschnittlich einmal pro Woche. An Zeit
benötigt er drei bis vier Stunden bis zu einem ganzen Arbeitstag,
wobei – das betont Rainer Volk ausdrücklich – der Schreibvorgang
die geringste Zeit erfordert.
Nach den üblichen Arbeitsschritten – Recherche im Archiv, in Agen-
turen und Telefonate, Auswahl und Ansprechen von Interviewpartnern, Originaltöne aufnehmen – folgt bei Rainer Volk als erstes immer das O-Töne Schneiden. Das macht er selbst, am Schnittcomputer
mit einem DigAS-Programm. Nur in seltenen Fällen hört sich der Tontechniker Sachen noch mal an, zum Beispiel wenn ein Originalton zu
filtern ist, um ihn verständlicher zu machen. Wo immer es geht, verwendet Rainer Volk Atmo, Geräusche und Musik, weil er der Über-
zeugung ist, dass dadurch das Thema für den Hörer einprägsamer
und leichter verständlich wird. Zitate sind nicht seine Vorliebe, denn
das Lesen in Studioatmosphäre findet er »aseptisch und schal«.

Wenn seine Originaltöne fertig geschnitten sind, setzt er sich an den Schreibtisch, um zu texten. Er beginnt prinzipiell mit der Anmoderation, weil er dadurch »mitten hinein« springen kann in das Thema des Beitrags und sich einige Informationen im Text sparen kann.

Eigentlich eignen sich fast alle Themen für die Form des gebauten Beitrags – sagt Rainer Volk.

»Außer bei Kommentaren hat mir bisher noch niemand erläutern können, warum ein sogenannter ›Alleingang‹ schöner/ interessanter/ besser sein soll. Bei der BBC gibt es eine Faustregel: alle Reporter, die mehr als 1'30 Minuten im Programm haben wollen, müssen O-Töne in ihrem Beitrag haben. Das scheint mir nicht dumm zu sein.«

Ihn reizt an der Form des gebauten Beitrags, dass man über Musik, Originaltöne, Atmo und Geräusch sehr viel mehr Informationen transportieren kann als über einen nur gesprochenen Text.

»Gebaute Beiträge können regelrechte ›Spielwiesen‹ für das Medium Radio sein. Über akustische Reize lässt sich viel mehr Inhalt transportieren als in einem Zeitungsartikel. Für mich sind die Einspielungen und die O-Töne die ›Bilder‹ des Beitrags, ähnlich wie Fotos in einer Zeitung. Mitunter gelingt es durch akustische Spielereien mit Musik und Geräuschen sehr viele eindrückliche Momente aufzubauen – auch bei scheinbar spröden Themen.«

Rainer Volks Tipp für freie Autoren

»Man sollte sich die Wirkung seines Beitrags akustisch vorstellen, eventuell aus der Lebensumgebung des Hörers heraus – im Auto, am Frühstückstisch, beim Bügeln. Was bringt ihn zum Hinhören? Welche Klischees, welche Vorstellungen hat er von einem Thema? Deshalb ist ein starker Einstieg unbedingt notwendig. Ebenso braucht ein Beitrag einen klaren Schluss. Zwischendrin sollte sich der Autor selbst nicht so wichtig nehmen und sich überlegen, ob er seine Botschaft nicht von einem der Gesprächspartner sagen lassen könnte.«

Für ihn sind gebaute Beiträge das Salz in der Suppe des Radios:

> »Nur ›Quickies‹ zu senden, wäre ebenso seicht wie nur blutleere
> Kommentare. Ich sehe die Tendenz, dass private Sender – wegen des
> Aufwands – nicht bereit sind, gebaute Beiträge gebührend zu hono-
> rieren. Hier schlägt auch die Formatierung manchmal den Wunsch
> nach Hintergrund platt. Bei den ARD-Anstalten habe ich bisher noch
> nie jemanden gehört, der gebaute Beiträge nicht senden wollte, wenn
> er sie angeboten bekam. Natürlich gibt es auch hier die Tendenz zur
> ›Kürze‹ – aber ich sehe nicht, dass die Kontrastprogramme zu den
> Magazin-Wellen zugrunde gingen.«

Corinna Hesse, freie Mitarbeiterin beim Norddeutschen Rundfunk in Hamburg

Corinna Hesse ist feste freie Mitarbeiterin bei Radio3 in Hamburg. Sie
hat Musikwissenschaft, Germanistik und Kunstgeschichte studiert.
Durchschnittlich macht sie zweimal pro Woche einen gebauten Beitrag und bezieht daraus knapp ein Viertel ihres Verdienstes. Die Hälfte der Themen kommen von ihr, die andere Hälfte werden ihr von
der Redaktion vorgeschlagen. Sie benötigt durchschnittlich zehn
Stunden Arbeitszeit für einen gebauten Beitrag. Diese Form – sagt sie
– sei nun mal besonders arbeitsaufwendig.
Ihre Arbeitsweise unterscheidet sich nicht von der der Kollegen,
außer dass bei ihr das Element Musik eine größere Rolle spielt, da sie
meistens Musikthemen bearbeitet.

Nachdem sie recherchiert, Interviewpartner ausgewählt und Originaltöne aufgenommen hat, protokolliert sie die Interviews stichwortartig, ordnet sie, textet und sucht dann Musikeinblendungen aus und
stimmt sie zeitlich aufeinander ab. Am Schluss folgen Schnitt und
Produktion. Sie schneidet ihr Material allerdings nicht selbst.
Ihre Kriterien für die Auswahl der Interviewpartner sind

- führende Sachkompetenz
- Entscheidungsträger

- Bekanntheitsgrad
- Eloquenz

Arbeitstechnische Tipps für Neueinsteiger

- Sorgfältige O-Ton-Auswahl
- Abwechslung der Elemente: O-Ton, Text, Musik
- Bezug der Elemente aufeinander
- Dramaturgischer Aufbau, guter Einstieg, merk-würdiger Schluss

Was reizt sie an der Form des gebauten Beitrags?

Er ist, sagt Corinna Hesse, kreativ, lässt die vielfältige Nutzung akustischer Möglichkeiten zu und ist sehr »hör-freundlich«. Die Zukunftsperspektiven für den gebauten Beitrag beurteilt sie als sehr gut. Ohne gebaute Beiträge ist kein spannendes Programm möglich, findet Corinna Hesse. Allerdings befürchtet sie, dass die gebauten Beiträge immer kürzer werden.

Anja Robert, freie Mitarbeiterin bei Radio Bremen

Eigentlich hat Anja Robert Freie Malerei studiert und ist dann über eine Weiterbildung beim Campus-Radio Uni Oldenburg in ihren Journalisten-Job hineingewachsen. Heute ist sie ›feste freie Mitarbeiterin‹ bei Radio Bremen.
Früher hat sie ein- bis zweimal pro Woche Beiträge gemacht. Heute ist sie vorwiegend mit Redaktionsarbeit eingedeckt und kommt nur noch gelegentlich dazu, selbst gebaute Beiträge zu machen. Stattdessen gibt Anja Robert gebaute Beiträge in Auftrag und redigiert sie anschließend.

Wenn sie sich denn doch den Luxus leistet, selbst einen gebauten Beitrag zu produzieren, benötigt sie durchschnittlich zweieinhalb Tage dafür. Ihre Arbeitsabfolge ist:

- Konzept machen
- Interviewpartner kontaktieren und Vorrecherche
- Interviews und Atmo aufnehmen
- texten, eventuell Nachrecherche
- eventuell Musik und Geräusche auswählen
- Produktion

Besonderes Augenmerk richtet sie auf einen gelungenen Einstieg. Dazu eignen sich zum Beispiel eine Atmo, die den Ort des Geschehens näher bringt oder ein szenischer Einstieg mit möglichst plastischer Situationsschilderung.
Sie transkribiert ihr O-Ton-Material zunächst stichwortartig. Wenn sie sich entschieden hat, welche Originaltöne sie nimmt, dann folgt die ausführliche Transkription. Ihr Material schneidet sie nur selten selbst, fürchtet aber, dass sich das in Zukunft ändern wird.

Fast jedes Thema eignet sich ihrer Ansicht nach für den gebauten Beitrag. Gewichtiger Grund, aus einem Thema keinen gebauten Beitrag zu machen: Man hat keinen Interviewpartner gefunden, der etwas Interessantes zu sagen hat. Was reizt sie persönlich an der Form des gebauten Beitrags? Das sei die Authentizität der O-Töne, sagt sie. Das Verbinden mit möglichst gut geschriebenem Sprechertext und auch das Experimentieren, ohne Zuhörer zu verlieren. Die Zukunftsperspektiven für den gebauten Beitrag beurteilt sie im öffentlich-rechtlichen Hörfunk als gut, im Privatfunk von Anfang an als schlecht.

9. Qualität und Zuverlässigkeit – Wie es gelingt, einen gebauten Beitrag zu verkaufen

Antworten auf die Frage, wie es gelingt, einen gebauten Beitrag zu verkaufen, sind interessant für:

- Neueinsteiger, zum Beispiel Studenten, die in den Hörfunkjournalismus einsteigen wollen
- Umsteiger, zum Beispiel Printjournalisten, die sich in einem neuen Medium erproben wollen
- freie Autoren, die sich ein tragfähiges Redaktionsnetz beziehungsweise Abnehmernetz knüpfen wollen

Die Form des gebauten Beitrags eignet sich relativ gut für den Einstieg in das Medium Hörfunk. Es gibt nicht zwangsläufig einen Termindruck – zumindest nicht bei Themen, die nicht tagesaktuell sind. Der gebaute Beitrag geht nicht live über den Sender, sondern wird vorproduziert. Zudem handelt es sich um eine kurze und damit überschaubare Form.

Wer sind die Autoren der vielen hundert gebauten Beiträge, die täglich über die Sender gehen?

Etwa drei Viertel aller gebauten Beiträge werden von den so genannten »festen Freien« gemacht, ein Viertel von festangestellten Mitarbei-
tern und von ›freien Freien‹. Diese Relationen variieren von Redaktion zu Redaktion. Es gibt Sender und Redaktionen, die mit einem
höheren Anteil an freien Journalisten ihr Programm bestreiten, wo
zum Beispiel die Hälfte aller Mitarbeiter völlig frei arbeitet. Das heißt:
Neueinsteiger haben dort eine besonders gute Chance, ihren Fuß in
die berühmte Tür zu bekommen.

Zum Status des »festen Freien«

Meistens haben sie als »freie Freie« begonnen und für mehrere Redaktionen und oft auch mehrere Rundfunkanstalten gearbeitet. Im Laufe
der Zeit ist ein enges Arbeitsverhältnis mit einer bestimmten Redaktion entstanden, so dass der »freie Freie« irgendwann in den Status
des »festen Freien« hinüberwechselte. Er hat Anspruch auf einen
bestimmten Auftragsumfang pro Monat beziehungsweise auf eine
bestimmte Honorarhöhe. Sein Status ist arbeitnehmerähnlich mit
Sozial- und Arbeitslosenversicherung und Anspruch auf Urlaubsgeld.

Die übliche Vorgehensweise

- Sie haben eine Idee, ein Manuskript oder einen produzier-
ten Beitrag
- Sie haben Programm und Sendeplatz analysiert und festge-
stellt, dass Ihr Beitrag thematisch passend ist
- Sie haben Ansprechpartner, meistens den zuständigen Re-
dakteur namentlich ausfindig gemacht
- Also bieten Sie Ihre Idee, Ihr Manuskript oder Ihren
produzierten Beitrag an
- Via: Telefon, Fax, E-mail oder Post
- Wenn keine Reaktion kommt, noch mal nachhaken
- Im positiven Fall Details verabreden: Umfang, Länge, Ter-
mine, Produktion, Honorar
- Sich unbedingt an die Verabredungen halten!

Die Kontaktaufnahme zu einer Redaktion, die man nicht kennt, sollte niemals mit leeren Händen geschehen. Wer kein konkretes Themenangebot hat, der kann sich die Mühe sparen. Was auch selbstverständlich sein sollte: Bevor Sie in einer Redaktion anrufen, haben Sie sich das entsprechende Programm angehört, kennen die Sendeplätze und haben einen Überblick über die Themenpalette und Formen der betreffenden Redaktion.

Zu Anfang kann es durchaus sein, dass Ihr Aufwand in keinem Verhältnis zum Resultat – vor allem auch zum Honorar – steht. Wenn Sie keine Erfahrungen haben mit der Form des gebauten Beitrags, so müssen Sie zu Beginn das Vielfache der Zeit investieren, die erfahrene Radioleute brauchen. Dieser Mehraufwand lässt sich kaum vermeiden. Betrachten Sie ihn als notwendige Investition und Eintrittskarte in den Radiojournalismus.

Gerade zu Anfang einer Arbeitsbeziehung zwischen Redaktion und Autor empfiehlt es sich, sehr gute Arbeit zu leisten. Es geht darum, auf sich aufmerksam zu machen, sein hörfunktaugliches Ohr unter Beweis zu stellen, sich inhaltlich kompetent zu erweisen und – sehr wichtig – sich vor allem als verlässlicher Mensch zu erweisen. Termin- und Längenabsprachen müssen eingehalten werden. Ob ein Interviewpartner wegen Krankheit ausgefallen ist oder man sich nicht zu einer Kürzung durchringen konnte, weil alles so wichtig ist, interessiert niemanden. Ein außergewöhnlich interessanter O-Ton, eine überraschende Perspektive auf ein Thema, brandneue Details und Informationen, spannende und lebendige akustische Aufbereitung des Inhalts – all das sind Dinge, die enorm positiv auffallen können und einer weiteren Zusammenarbeit den Weg ebnen.

Im Folgenden finden Sie Antworten aus Hörfunkredaktionen auf diverse Fragen von Neueinsteigern.

Was empfehlen Sie freien Autoren, die gebaute Beiträge für Ihr Programm machen möchten?

- Erstens: Sich schlau machen über Sendeformat und Inhalte.

Zweitens: Sich schlau machen über jeweilige Sendung, der der Beitrag angeboten werden soll.

Drittens: Sich klar darüber sein, dass der Redakteur nicht auf genau sie und ihr Thema gewartet hat.

Viertens: Sich also gut verkaufen können, das heißt: das Thema, den Inhalt verständlich und spannend rüberbringen – das unbekannte Wesen Redakteur ist der erste Hörer.

Fünftens: Sich an Termine und Absprachen definitiv halten, Unpünktlichkeit und Unzuverlässigkeit sind beste Konkursgrundlage

- Ein interessantes Thema anbieten
- Sich nach Charakter und Profil einer Sendung erkundigen – vor dem ersten Kontakt – und dann ein Thema anbieten
- Lebendige Sprache, interessante Themenvorschläge, viel Atmo und O-Töne

Gewünschte Art der Kontaktaufnahme

- Telefonisch: der übliche Weg bei bekannten Autoren
- Per Fax: wenn es um Serien geht oder um ein nicht-tagesaktuelles buntes Stück
- Per E-mail: gehört zum Alltagsgeschäft

Wie gelingt es einem freien Autoren am besten, Sie zu überzeugen?

- Durch starke, spannende Themen, die noch nicht in Zeitungen oder Boulevard-TV-Sendungen waren. Relativ frisches Thema, das die Zielgruppe interessiert
- Indem Sie mir den Beitrag zur Probe überspielen
- Durch interessante Angebote, sachliche Argumentation und Kompetenz
- Durch einen guten Themenvorschlag – muss ins Sendungsprofil passen – und ein gutes Konzept oder Skript
- Thema sollte tagesaktuell sein, besonders viele Menschen ansprechen, möglichst zeitnah umsetzbar sein

- Ganz einfach: durch gute Arbeit. Soll heißen, es ist üblich und für viele Freie zähneknirschend zu akzeptieren: Beiträge auf Kommissionsbasis ordern, anhören und dann entweder überzeugt sein, den Beitrag kaufen – oder den Freien von der Liste potentieller Mitarbeiter wieder streichen. Wer umsetzungstechnisch auf dem richtigen Weg, aber nachbesserungswürdig ist, hat eine zweite Chance nach Rück- oder Absprache mit der Redaktion

Welche Eigenschaften schätzen Sie an freien Autoren am meisten?

- Verlässlichkeit, gute präzise, einfache Texte, ausgefallene Art von Beiträgen, schnelle Beiträge
- Unaufdringlichkeit
- Einsatzbereitschaft, Aufgeschlossenheit, Spontaneität, Zuverlässigkeit, Professionalität, Originalität
- Blick für ein Thema, sorgfältige Auswahl der O-Töne, gute Schreibe fürs Sprechen/Hören, Sinn für Dramaturgie, Umsetzung redaktioneller Vorgaben – sonst passen die Beiträge nicht ins Gesamtkonzept einer monothematischen Sendung und selbstverständlich technisch einwandfreie Qualität der Beiträge
- Einfallsreichtum, Ideen, Fähigkeit, auf Menschen zuzugehen, zügiges Arbeiten
- Zuverlässigkeit. Zuverlässigkeit. Zuverlässigkeit
- Ideen. Witz. Kompetenz. Gehör/ Gefühl: für den richtigen O-Ton/ den richtigen Umgang mit Texten

Was wird gezahlt?

Die Bezahlung für einen gebauten Beitrag ist unterschiedlich – je nach Länge und Rundfunkanstalt und Redaktion. Öffentlich-rechtliche Funkhäuser zahlen besser als private, die großen öffentlich-rechtlichen wiederum zahlen deutlich mehr als die kleinen Anstalten aus dem ARD-Verbund.

Folgende Angaben sind nicht repräsentativ, bieten aber einen Anhaltspunkt:

- BR   Euro 110,00
- HR1   Euro 140,00
- NDR1   Euro 100,00 bis Euro 145,00
- Radio3   Euro 150,00 (für circa 5 Minuten)
- SWR   Euro 140,00
- WDR   Euro 243,00

10. Nicht alles formatiert, aber mit Format – Der gebaute Beitrag in exemplarisch ausgewählten Hörfunkprogrammen

Im folgenden Kapitel werden die Ergebnisse der empirischen Untersuchung erörtet.

In welchen Programmen sind sie denn nun gefragt, die gebauten Beiträge? In:

- Hauptprogrammen
- Spartenprogrammen: Informations- und Kulturprogramme, Klassik-Wellen
- musikdominierten Tagesbegleitprogrammen
- Einschaltprogrammen: Nachrichtenradios, Kulturprogramme

Haupt- und musikdominierte Tagesbegleitprogramme haben mehr Hörer, die Sparten- und Einschaltprogramme einen höheren Wortanteil. So lassen sich die Programmprofile – verkürzt – auf den Punkt bringen.

Einschaltprogramme

Die Einschaltprogramme – seien sie nun vorrangig der Information gewidmet oder aber als Kulturwelle konzipiert – können und müssen ein umfangreicheres, mehr in die Tiefe gehendes Informationsangebot bereithalten, intensiver Hintergründe recherchieren als Tagesbegleitprogramme.

Das heißt: Es ist zu erwarten, dass die Form des gebauten Beitrags in Sparten- und in Einschaltprogrammen häufiger vorkommt als in anderen. Mit journalistischen Beiträgen auf einer wortreichen Programmstrecke werden tendenziell weniger Hörer erreicht als mit Musikbegleitprogrammen. Das ist eine ebenso banale wie unumstößliche Entwicklung im Hörfunk. Eine Entwicklung allerdings auch, die Programmplaner von wortreichen Programmen gelassen zur Kenntnis nehmen können.

»Man kann nicht mit dem Angebot der FAZ die Auflagenhöhe der Bildzeitung erreichen. Man sollte dies auch gar nicht wollen«, stellt Bernd-Peter Arnold (1991) in seinem ABC des Hörfunks passend dazu fest.

Öffentlich-rechtlich oder privat?

261 Hörfunkprogramme buhlen in der Bundesrepublik um die Aufmerksamkeit der Hörer. Das zumindest ist die Zahl der erhobenen Hörfunk-Programme in der Media-Analyse 2000. Es gibt zunächst zwei grundlegende Differenzierungsmerkmale: Handelt es sich um öffentlich-rechtliche Sender oder um private? Und: Wird das Programm lokal, regional, landesweit oder bundesweit ausgestrahlt? Darüber hinaus unterscheiden sich die Programme hinsichtlich

- des Musik-Wort-Anteils
- der Zielgruppe
- der Musikfarbe

«Extra einschalten oder nebenbei hören»	Tagesreichweite in Millionen	Einschaltprogramm	Musikdominiertes Tagesbegleitprogramm	Spartenprogramm	Hauptprogramm
Antenne Bayern	2.32		•		•
Bayern5	0.49	•		•	
Deutschlandfunk	1.08	•			•
HR1	0.31		•		•
Hundert,6	0.20		•		•
NDR1	2.50		•		•
Radio3	0.27	•		•	
Radio Bremen 2	0.03	•		•	
SWR3	2.42		•		

(Tab. 4, Tagesreichweiten und Programmausrichtung; Auswertung der Programme vom 4. Juli 2000)

Programmforschung der Kommunikationswissenschaftler ist ein umstrittenes Feld mit zum Teil ebenso widersprüchlichen wie nichtkompatiblen Ergebnissen. Selbst die grobe und relativ leicht zu erhebende Kategorisierung in Wort- und Musikanteil hat im Hinblick auf Qualität und Erfüllung des Informations- und Bildungsauftrages wenig Aussagekraft. Denn Wortbeiträge können überwiegend unterhaltenden Charakter haben oder überwiegend informierenden Charakter. Oft bestehen die Wortanteile aus belanglosem Geplauder zwischen Moderator und Hörer. Auf der anderen Seite können Programme mit einem sehr geringen Wortanteil durchaus anspruchsvoll sein. Diesem Dilemma in der Programmforschung ist kaum zu entkommen.

Trotz dieser eingeschränkten Verwertbarkeit zahlreicher Studien und Untersuchungen für die Praxis treiben sie dennoch die Diskussion und vor allem die kritische Reflexion voran.

Die vorliegende Untersuchung besteht aus einer Tagesanalyse aller gesendeten gebauten Beiträge verschiedener ausgewählter Hörfunk-programme. Die Hörfunkprogramme unterscheiden sich durch ihren Musik- und Wortanteil, durch ihre angepeilte Zielgruppe und durch ihre Musikfarbe.

In der empirischen Untersuchung wurden – wohl wissend um die bedingte Repräsentativität – folgende Programme ausgewertet

- Antenne Bayern   Rock, Pop und Infos
- B5   Nachrichten
- DLF   Information und Kultur
- HR1   Info, Unterhaltung
- Hundert,6   Info, Unterhaltung
- NDR1   Unterhaltung, Info
- Radio3   Klassik und Kultur
- RB2   Klassik und Kultur
- SWR3   Rock, Pop und Service

Auswahlkriterien

Einige Bemerkungen zu den Auswahlkriterien für das vorliegende Sample: Es sollten sowohl öffentlich-rechtliche als auch private Pro-gramme untersucht werden. In der Voruntersuchung kristallisierte sich sehr schnell heraus, dass zahlreiche angeschriebene Privatsender eine Mitarbeit an dem Projekt ablehnten mit dem Hinweis darauf, dass die Form des gebauten Beitrags in ihrem Programm keine Rolle spiele. Die journalistische Orientierung sei ohne Bedeutung, da das Programm musik- und unterhaltungsorientiert sei. Demzufolge – auch als Ausdruck der Bedeutung, die dem gebauten Beitrag zugemessen wird – wurden vor allem öffentlich-rechtliche Programme ausgewer-tet.

Es sollten Radioprogramme ausgewählt werden, die unterschiedliche Sendegebiete haben und nicht alle sollten im Norden oder im Süden senden. Ferner sollten sowohl ausgesprochen ländliche als auch ausgesprochen städtische Sendegebiete bei der Auswahl der Sender berücksichtigt werden. Die Hörfunkprogramme sollten sich durch ihre Zielgruppe voneinander unterscheiden. Und schließlich sollten sie unterschiedlich hohe Musik-Wort-Anteile haben.

Fragestellungen und Ausgangsthesen

- Musikdominierte Popwellen öffentlich-rechtlicher Provenienz müssen Informationen anbieten, seriöse Informationen, und das in einer Form, die dem Umfeld entspricht.
- Von Radioprogrammen, die sich an eine junge Zielgruppe wenden, wird im Allgemeinen das Musikformat CHR – Contemporary Hit Radio – und EHR – European Hit Radio – bevorzugt. Hat dieses Musikformat Auswirkungen auf den Wortanteil des Programms?
- Einen besonders heiß umkämpften Radiomarkt gibt es in den Metropolstädten Berlin und München. Frage: Korrespondiert die starke Konkurrenzsituation mit einer besonderen Entwicklung des Wortanteils, speziell des gebauten Beitrags, im Programm?
- Bei den Privatradios hat sich das Musikformat AC – Adult Contemporary – mit all seinen Unterkategorisierungen wie Euro, oldbased, soft, hot – als dominant erwiesen. Nahezu die Hälfte aller Privatsender hat das Musikformat AC. Es bedient den Musikgeschmack des jüngeren Massenpublikums zwischen 20 und 49 Jahren und lässt sich damit am besten vermarkten. Welche Rolle spielt in solchen Programmen speziell die Form des gebauten Beitrags?

Interessant ist sicherlich auch die Frage, wie jene Hörfunkprogramme mit dem gebauten Beitrag umgehen, denen es gelingt, ihr Programm erfolgreich als Werbemedium anzubieten.
In das Untersuchungspanel eingegangen sind zwei der nach Bruttowerbeumsatz stärksten Radiostationen in Deutschland. Was die Höhe des Werbeumsatzes anbelangt, so liegt Antenne Bayern bundesweit

auf dem ersten Platz mit einem Volumen von mehr als 63 Millionen Euro. SWR3 folgt auf dem dritten Platz mit einem Volumen von knapp 57 Millionen Euro Bruttowerbeumsatz.

Antenne Bayern

Antenne Bayern ist ein landesweiter Privatsender in Bayern und präsentiert sich als »Personality-Radio« mit einem Euro-AC-Musikformat. Antenne Bayern hat eine Hörfunk-Tagesreichweite von 28 Prozent vorzuweisen und gilt damit – vom Mantelprogramm Radio NRW abgesehen – als reichweitenstärkster deutscher Privatradiosender. In seiner Zielgruppe der 14- 49-Jährigen ist der Sender seit Jahren Marktführer innerhalb Bayerns.

Für Dienstag, den 4. Juli 2000, wurden 20 gebaute Beiträge erfasst. Eine Besonderheit hat dieses Tagesprogramm: Ab 18 Uhr gibt es keine gebauten Beiträge mehr. Das ist jedoch nicht an jedem Wochentag so.

Zwei gebaute Beiträge pro Stunde – das ist im Allgemeinen die Regel bei Antenne Bayern. Es gibt sie immer zur gleichen Zeit, fast immer stündlich um dreizehn Minuten nach und um achtunddreißig Minuten nach der jeweils vollen Stunde. Der Beitrag in der ersten Hälfte wird sogar zu Beginn der Stunde angekündigt. Von 11-12 Uhr gibt es eine reine Musikwunschsendung, desgleichen in der Zeit von 14-15 Uhr – ohne vorproduzierte Wortbeiträge. Zu jeder vollen Stunde gibt es Nachrichten mit Wetter und Verkehrsservice.

Im Tagesprogramm sind die gebauten Beiträge folgendermaßen eingebettet:

6.00 Uhr	Nachrichten
6.05 Uhr	Ankündigung eines gebauten Beitrags über Tom Cruise
6.13 Uhr	Tom Cruise – gebauter Beitrag über die Premiere von »Mission impossible II« in Köln
6.38 Uhr	Blade-Night in München
7.00 Uhr	Nachrichten
7.05 Uhr	Ankündigung eines gebauten Beitrags über das Inselduell
7.13 Uhr	Das Inselduell
8.00 Uhr	Nachrichten
8.05 Uhr	Ankündigung eines gebauten Beitrags
8.13 Uhr	Louis Armstrong wäre 100 Jahre geworden
8.38 Uhr	Quizshows boomen
9.00 Uhr	Nachrichten
9.03 Uhr	Ankündigung eines gebauten Beitrags
9.13 Uhr	Rudi Völler neuer Teamchef
9.49 Uhr	Tina Turner-Konzert
10.00 Uhr	Nachrichten
10.03 Uhr	Ankündigung eines gebauten Beitrags
10.13 Uhr	Mückenmittel im Test
11.00 Uhr	Nachrichten
12.05 Uhr	Ankündigung eines gebauten Beitrags
12.13 Uhr	Robert Redford heiratet Deutsche?
12.43 Uhr	Stefan Mross beim Trompetentest
12.49 Uhr	Tour de France
13.00 Uhr	Nachrichten
13.05 Uhr	Ankündigung eines gebauten Beitrags
13.13 Uhr	Tina Turner, Auftakt der Europatournee
13.20 Uhr	Klage gegen Löwitsch
13.38 Uhr	Maler Cleff der II., Porträtmaler der Berühmten aus Bamberg
14.00 Uhr	Nachrichten

(Auszug von 6.00 Uhr bis 14.00 Uhr, Dienstag, 4. Juli 2000)

Allerdings heißen die gebauten Beiträge hier nicht gebaute Beiträge, sondern: Gag, Super-Collage, Fertigproduziertes, aufgemotzter oder zusammengebastelter Beitrag. Andere Wortelemente sind Moderationen, Meldungen, Interviews, Reportagen und Werbung.

Bei einem Blick auf die Themenpalette der gebauten Beiträge auf Antenne Bayern fällt auf, dass die Themen mit einem hohen Unterhaltungswert im Vordergrund stehen.

- Baggerfahren im Internet
- Porträtmaler, der nette Mensch von nebenan
- Klage gegen Klaus Löwitsch
- Tina Turner
- Tour de France
- Trompetentest
- Robert Redford heiratet Deutsche
- Netzausfall in Schwaben
- Mückenmittel im Test
- Rudi Völler neuer Teamchef
- Inselduell
- Blade Night in München
- Tom Cruise

Die meisten Themen stammen aus dem Bereich »Buntes«, wobei das wichtigste Auswahlkriterium hier wiederum das der Prominenz ist, wie Klaus Löwitsch, Robert Redford, Tom Cruise.
Weitere Themenfelder sind: Musik, Service, Sport und Computer.

«viele weibliche O-Töne»	Zahl der ge- bauten Beiträge	Durch- schnittli- che Länge in Minuten	Maxima- le Länge	Minimale Länge	Durch- schnitt O-Töne je gebautem Beitrag	Ge- schlecht Sprecher männ- lich/ weiblich	Gebaute Beiträge mit Um- frage in %
Antenne Bayern	20	2´12	3´00	1´20	3 - davon 50% männlich	65:35	15
Bayern5	113	2´22	3´59	0´49	2 - davon 90% männlich	74:26	keine
Deutschland- funk	52	3´11	5´00	2´11	3 - davon 83% männlich	85:15	20
HR1	39	2´59	7´00	1´10	4 - davon 75% männlich	75:25	18
Hundert,6	29	2`56	4´55	1´10	2 - davon 60% männlich	55:45	7
NDR1	18	1´43	5´50	1´20	3 - davon 78% männlich	78:22	5
Radio 3	9	5´10	7´55	0´57	4 - davon 85% männlich	70:30	keine
Radio Bremen 2	22	4´16	4´55	2´00	4 - davon 75% männlich	54:46	8
SWR3	4	2´40	4´00	1´42	1 - davon 100% männlich	75:25	keine

(Tab. 5, Antenne Bayern; gebaute Beiträge in Länge, Anzahl der O-Töne, Geschlecht des Sprechers und Vorhandensein von Umfragen; Auswertung der Programme vom 4. Juli 2000)

Die relativ hohe Anzahl an gebauten Beiträgen im Verhältnis zum Wortanteil von Antenne Bayern deutet darauf hin, dass es in diesem Programm einen journalistischen Anspruch gibt. Berücksichtigt man des Weiteren den großen Erfolg dieses Programms im Hinblick auf die Tagesreichweiten, so lässt sich der Schluss ziehen, dass die Hörer offensichtlich durch Wortbeiträge nicht von vornherein vergrault werden, wie es zahlreiche Programmplaner annehmen.

Da es sich bei Antenne Bayern um ein Euro AC-dominiertes Musik- und Tagesbegleitprogramm handelt, ist zu erwarten, dass die gebauten Beiträge jeweils relativ kurz sind. So ist es auch. Die durchschnittliche Länge der gebauten Beiträge beträgt 2'12 Minuten. Von den untersuchten Programmen tut sich lediglich NDR1 – Radio Niedersachsen mit einer noch geringeren Länge der gebauten Beiträge hervor, nämlich mit 1'43. Des Weiteren auffällig ist die geringe Differenz zwischen minimaler und maximaler Länge der gebauten Beiträge bei Antenne Bayern – maximal sind die Beiträge 3 Minuten, minimal sind sie 1'20 Minuten lang. Das ist – vergleicht man diesbezüglich die ausgewerteten Programme – eine relativ homogene Länge.

Mit durchschnittlich drei O-Tönen pro gebautem Beitrag liegt Antenne Bayern ziemlich genau im Durchschnitt, stark auffällig hingegen ist der prozentuale Anteil der weiblichen O-Töne. Er beträgt 50 Prozent. In den anderen Programmen variiert dieser Anteil zwischen 0 und 44 Prozent, der Durchschnitt der weiblichen O-Töne liegt bei 33 Prozent. Das heißt: Antenne Bayern weist überdurchschnittlich viele weibliche O-Töne auf.
Sind die Programmmacher besonders emanzipiert oder gibt es andere Gründe?

These

Die These lautet: Je »härter« der Beitrag, desto mehr männliche O-Töne – analog zur Dominanz von Männern in Politik und Wirtschaft. Je mehr Soft-, Boulevard- und Servicethemen, desto mehr O-Töne von Frauen tauchen auf.

Häufig O-Ton Einstieg

Der Einstieg in den gebauten Beitrag erfolgt bei Antenne Bayern überwiegend mit einem O-Ton: Mit einem Element, das per se in den meisten Fällen anschaulicher, lebendiger und packender ist als Autorentext.

Wortbeiträge sollen spannend sein und unterhaltsam – das gilt sicherlich in höherem Maße bei Tagesbegleitprogrammen als bei Einschalt- und Informationsprogrammen.

Wenn ein gebauter Beitrag bei Antenne Bayern mit einem Autorentext respektive einem Sprecher beginnt, so wird der Einstieg häufig mit Musik unterlegt. Musik ist ein wichtiges Element beim Beitragseinstieg – wie im Übrigen auch bei der Anmoderation. Die Anmoderationen bei Antenne Bayern – durchschnittlich 27 Sekunden lang – sind in der Regel plaudernd und erkennbar getragen von der Absicht, den Hörer zu unterhalten und zu amüsieren.

In der Mehrzahl der gebauten Beiträge ist Musik als durchgehendes Element vorhanden. Musik erzeugt Stimmungen, Musik verhindert Stille, Musik kleistert zu. Alle Wortstrecken mit Musik zu unterlegen, ist ein durchgreifender Trend in den Privatsendern, dessen Sinn und Unsinn häufig für Kontroversen sorgt.

Bayern5

B5 ist das fünfte Programm des Bayerischen Rundfunks und somit öffentlich-rechtlicher Provenienz. Auf dem bayerischen Hörfunkmarkt liegt B5 mit einer Tagesreichweite von 5,7 Prozent an fünfter Stelle – in München hat der Sender sogar eine Tagesreichweite von zehn Prozent. Die »Informationswelle Bayern 5 Aktuell« ging am 1. April 1991 erstmals auf Sendung und damit als erster deutscher Nachrichtensender in die Hörfunkgeschichte ein. Heute, nach zehn Jahren, ist B5 noch immer führend unter den deutschen Newsradios. Das Hörerprofil entspricht dem besser verdienenden und gebildeten Typus. Der typische Hörer von B5 ist um die fünfzig Jahre alt. Jugendliche Zuhörer gibt es so gut wie keine. In der Eigendarstellung liest sich das so:

>»Die Nutzer des Informationsradios B5 aktuell – High-End-Consumer – hören bewusst und intensiv. Es sind die Aktiven unserer Gesellschaft, die Multiplikatoren, die Aufgeschlossenen und Mobilen – eine besonders attraktive Zielgruppe. Dem Programmformat angepasst sind die Werbeeinschübe nur eine Minute lang und haben so die volle Aufmerksamkeit des Hörers«.

Während Antenne Bayern die populäre Stimme Bayerns ist, die den typischen Bayern durch den Tag begleitet – ohne ihn allzu sehr zu stören –, ist B5 das gute Gewissen Bayerns. Gebildete und interessierte Menschen können sich hier stets in der Sicherheit wiegen, auf Grund der im Viertelstunden-Takt gesendeten Nachrichten nichts zu verpassen, über alles Wichtige informiert zu sein.

Als dieses stark wortgeprägte Programm 1991 auf Sendung ging, war die Branche zunächst skeptisch. Doch das Programm war so erfolgreich, dass andere öffentlich-rechtliche Sender mit eigenen Infowellen folgten: MDR, SFB/ ORB, WDR und NDR. Die Reichweiten bei B5 stimmen. Und der Sender hat nie Probleme, die gesetzlich zugelassenen 18 Minuten Werbung pro Tag zu verkaufen.

Nach zehn Jahren wird noch immer nach dem Originalschema gesendet, dessen Herzstück die Nachrichten im Viertelstundenrhythmus sind. Dazwischen gibt es Schwerpunktinformationen, Hintergrundberichte und Specials aus verschiedenen Themenbereichen. Politik, Wirtschaft, Sozialpolitik, Sport, Kultur, Regionales und Wissenschaft gehören dazu. Bei Großereignissen kann das Sendeschema zugunsten von Live-Übertragungen durchbrochen werden.

Sendeschema B5

B5-Stundenuhr	Sendung
00 – 08	Nachrichten mit Original-Tönen und Kurzberichte von Korrespondenten
08 – 13	B 5 Spezial: Bayern
13 – 14	B 5 Börse
14 – 15	Verkehr und Wetter
15 – 20	Nachrichten
20 – 24	B 5 Hintergrund
24 – 28	B 5 Spezial: Kultur
28 – 30	Verkehr und Wetter
30 – 38	Nachrichten mit Original-Tönen und Kurzberichte von Korrespondenten
38 – 43	B 5 Spezial: Wirtschaft und Soziales
43 – 44	B 5 Börse
44 – 45	Verkehr und Wetter
45 – 50	Nachrichten
50 – 54	B 5 Hintergrund
54 – 58	B 5 Spezial: Sport
58 – 00	Verkehr und Wetter

(Montag bis Samstag – jeweils 6 bis 24 Uhr)

Für ein Sparten- und Einschaltprogramm erzielt B5 mit nahezu einer halben Millionen Hörer eine beachtliche Tagesreichweite. Ebenso beachtlich und auffällig ist die hohe Anzahl an gebauten Beiträgen, nämlich 113.

Kein anderer Sender aus dem Untersuchungssample hat eine annähernd hohe Zahl an gebauten Beiträgen vorzuweisen. Den 113 gebauten Beiträgen stehen 199 Meldungen und Berichte ohne O-Ton gegenüber. Berücksichtigt man den Mehraufwand an Zeit und Kosten für einen gebauten Beitrag, so dokumentiert sich hier in der auch relativ gesehen hohen Zahl an gebauten Beiträgen die Wertschätzung dieser Darstellungsform für das rein akustische Medium.

«informativ und männ- lich»	Zahl der gebauten Beiträge	Durch- schnittli- che Länge in Minuten	Maximale Länge	Minimale Länge	Durch- schnitt O-Töne je gebau- tem Beitrag	Ge- schlecht Sprecher männlich/ weiblich	Gebaute Beiträge mit Um- frage in %
Antenne Bayern	20	2´12	3´00	1´20	3 - davon 50% männlich	65:35	15
Bayern5	113[1]	2´22	3´59	0´49	2 - davon 90% männlich	74:26	keine
Deutschland- funk	52	3´11	5´00	2´11	3 - davon 83% männlich	85:15	20
HR1	39	2´59	7´00	1´10	4 - davon 75% männlich	75:25	18
Hundert,6	29	2`56	4´55	1´10	2 - davon 60% männlich	55:45	7
NDR1	18	1´43	5´50	1´20	3 - davon 78% männlich	78:22	5
Radio3	9	5´10	7´55	0´57	4 - davon 85% männlich	70:30	keine
Radio Bremen 2	22	4´16	4´55	2´00	4 - davon 75% männlich	54:46	8
SWR3	4	2´40	4´00	1´42	1 - davon 100% männlich	75:25	keine

(Tab. 6, Bayern5; gebaute Beiträge in Länge, Anzahl der O-Töne, Geschlecht des Sprechers und Vorhandensein von Umfragen; Auswertung der Programme vom 4. Juli 2000)

[1] Von den 113 gesendeten gebauten Beiträgen sind 66 Wiederholungen. Eine weitere Besonderheit von B5: Die in den Nachrichten gesendeten gebauten Beiträge wurden mitgezählt, da sie definitorisch als echte gebaute Beiträge gelten können und nicht als Nachrichten mit O-Ton-Einblendung. Das heißt: Sie werden anmoderiert und bestehen mindestens aus Autorentext und O-Ton.

Expertentum ist Männersache

Mit einer Länge von 2'22 Minuten sind die gebauten Beiträge bei B5 relativ kurz und widersprechen der vordergründigen Erwartung, in einem öffentlich-rechtlichen Infoprogramm lange gebaute Beiträge vorzufinden. Mit durchschnittlich zwei O-Tönen pro gebautem Beitrag liegt B5 hier an der unteren Grenze. In der Mehrheit weisen gebaute Beiträge der anderen untersuchten Sender mehr O-Töne vor. Besonders auffallend ist der extrem hohe Anteil an männlichen Sprechern und an männlichen O-Tönen im gebauten Beitrag. 74 Prozent der Sprecher im gebauten Beitrag sind männlich und 90 Prozent der O-Töne stammen von Männern. Dieses Ergebnis korrespondiert mit der These, die angesichts des hohen Frauenanteils bei Antenne Bayern aufgestellt wurde.

Es wäre durchaus angemessen, hier einen Appell und einen Auftrag an ein öffentlich-rechtliches Hörfunk-Programm zu richten, nämlich die gleichwertige Berücksichtigung von Frauen und Männern. Die Behauptung, es gäbe nicht genug Frauen in verantwortlicher Position in der Politik und der Wirtschaft, hat sich längst als Ausflucht erwiesen. Zahlreiche politische Entscheidungsträger, Experten, Sachverständige, Zuständige, Verantwortliche sind heute weiblichen Geschlechts.

Themenpalette der gebauten Beiträge

- Lokales/ Regionales
  Gerichtsverfahren gegen Polizisten, in Bayern zu wenig Behinderte im öffentlichen Dienst, Einführung der Blue Card in Bayern, Entscheidung über den gläsernen Plenarsaal auf dem Gebäude des bayerischen Landtages, Bewohner einer Neubausiedlung klagen über gelbe Zunge
- Politische Themen
  Verabschiedung des sächsischen Haushalts, Eröffnung der Urban 21, Steuerreform, Rentenreform, Sanktionen gegen Haider, Spendenausschuss, Umverteilung im Rentensystem, Frankreich übernimmt EU-Ratspräsidentschaft, Ankündigung Palästinenserstaat, Partisanenkrieg in Tschetschenien, Chirac spricht sich für EU-Osterweiterung aus, Einführung des Euro, Merkel geht auf Distanz zu Kohl, Verhältnis zwischen Israel und Palästina, Landeszentralbank kann abgeschafft werden, Neuordnung des Steuerrechts

- **Wirtschaftsthemen**
  Zuckerindustrie, Riskante Geschäfte der bayerischen Landesbank in Singapur, Flaute in der Ziegelindustrie
- **Jubiläen, Geburtstage**
  Zum 100. Geburtstag von Louis Armstrong
- **Sportthemen**
  Sportverletzungen, Tour de France, Südafrika als Austragungsort der WM, Brasilien zieht Bewerbung um die Austragung der Fußball WM zurück
- **Buntes, Skurriles**
  Trompeterkrieg
- **Kulturthemen**
  Ausstellung über den Tänzer in Hamburg, Festival der jüdischen Kultur in Krakau, Schloss Carre Chemnitz, Neu entdeckte Alte Meister
- **Gesundheit**
  »Lärm macht krank«-Kongress in Bayern

Auf den ersten Blick ist ersichtlich, dass politische Themen den größten Raum einnehmen, gefolgt von Lokal- und Regionalthemen.

Insgesamt werden die Themen unterschiedlich aufgearbeitet, mal als Nachricht, mal als Meldung, mal als gebauter Beitrag. Gebaute Beiträge aus dem politischen Bereich werden häufig wiederholt. Sowohl die Beiträge als auch Meldungen und Berichte werden ständig aktualisiert und ergänzt mit weiteren Informationen und Hintergrundberichten. Auffallend ist, dass die gebauten Beiträge mit politischen Themen in der Regel sehr einfach gehalten sind – vermutlich weil sie sehr zeitnah produziert werden. Im Bereich Kultur und Hintergrund sind die gebauten Beiträge aufwändiger gestaltet. Im Morgenprogramm finden sich kaum gebaute Beiträge, ihre Zahl nimmt im Laufe des Tages sukzessive zu. Auffallend ist auch, dass später am Tag mehr aufwändig produzierte Beiträge zu finden sind. Am Abend gibt es dann mehr Wiederholungen.

Die unterschiedlichen Beitragsformen, die bei B5 aktuell verwendet werden, werden alle in ähnlicher Weise anmoderiert. Die Anmoderationen sind in der Regel informativ und sachlich, jedenfalls nicht plaudernd oder emotional. Außer bei den Nachrichten mit Originaltönen und Kurzberichten von Korrespondenten endet die Anmoderation mit dem Namen des Autors oder der Autorin und einer Ortsmarke. In 75 Prozent aller Fälle verläuft die Anmoderation bei B5 vom Allgemeinen zum Besonderen. Dass heißt: Information steht ganz klar im Vordergrund, nicht das Bestreben, den Hörer zu unterhalten und seine Aufmerksamkeit mit einem Detail oder einem konkreten Einstieg zu wecken. Da B5 ein Einschaltprogramm ist und kein Tagesbegleitprogramm, dessen Inhalte dahin plätschern, ist die Entscheidung für die Anmoderationsstruktur Horizont-Fokus auch durchaus schlüssig. Die Aufmerksamkeit des Hörers muss nicht extra geweckt werden, sondern kann als gegeben vorausgesetzt werden.

Deutschlandfunk

Der Deutschlandfunk – mit öffentlich-rechtlichem Statut – ist Teil des DeutschlandRadios mit Sitz in Köln. Es gibt vor allem eine Besonderheit: Der Deutschlandfunk sendet bundesweit. Zielgruppe ist die so genannte Infoelite, das »Bildungsbürgertum«. Das Programm hat einen Wortanteil von 80 Prozent aufzuweisen. Die Schwerpunkte liegen auf Information und Kultur.
Das Gerüst des Programms bilden stündliche und – zwischen 5.00 Uhr und 18.00 Uhr – halbstündliche Nachrichten. Dazwischen gibt es zahlreiche Informationssendungen, meistens in Magazinform – die »Informationen am Morgen«, die »Informationen am Mittag« und die »Informationen am Abend«. Des Weiteren Sendungen wie »Das war der Tag«, »Umwelt und Landwirtschaft«, »Campus & Karriere«. Diese Eckdaten lassen einen hohen Anteil an gebauten Beiträgen erwarten.

Der Deutschlandfunk, dessen Besonderheiten eben sein bundesweites Sendegebiet und der hohe Wortanteil sind, hat in letzter Zeit wegen seiner steigenden Hörerzahlen und wegen seines zunehmenden Erfolgs für Aufmerksamkeit gesorgt. Seine tägliche Hörerzahl konnte der Sender gegenüber 1999 nahezu verdoppeln. Allerdings muss hier die veränderte Umfragemethode der Mediaanalyse 2000 berücksichtigt werden. Bis dato wurden die Daten zur Radionutzung in persönlichen Interviews erhoben, neuerdings werden sie in telefonischen Interviews erfragt.

»Gegen Entwortungstrend«

Laut Media-Analyse 2000 hören täglich 1,08 Millionen Menschen den Deutschlandfunk. Die Vorjahresanalyse wies noch 585.000 Hörer aus. Sieg des anspruchsvollen Wortes gegenüber small talk und musikdominiertem Tagesbegleitprogramm? Wenn man sich die absoluten Hörerzahlen anschaut, lautet die Antwort: wohl kaum! Jedoch spiegelt der zunehmende Erfolg des Deutschlandfunks eine neu entstehende Wertschätzung des Wortes und der journalistischen Information im Hörfunk wieder.

In die gleiche Kerbe schlägt Günter Müchler, Programmdirektor des Deutschlandfunks. Ein Grund für den deutlichen Aufschwung der Hörerzahlen beim Deutschlandfunk sieht er im Trend zur »Entwortung« bei vielen anderen Hörfunkprogrammen. Im DeutschlandRadio habe man sich in den vergangenen Jahren bewusst nicht von Trends und Quoten-Überlegungen leiten lassen, sondern auf das Konzept eines seriösen und werbefreien Journalismus gesetzt. So sei der Wortanteil stetig erhöht worden.

«sachlich, aber auch männlich dominiert»	Zahl der gebauten Beiträge	Durchschnittliche Länge in Minuten	Maximale Länge	Minimale Länge	Durchschnitt O-Töne je gebautem Beitrag	Geschlecht Sprecher männlich/ weiblich	Gebaute Beiträge mit Umfrage in %
Antenne Bayern	20	2´12	3´00	1´20	3 - davon 50% männlich	65:35	15
Bayern5	113	2´22	3´59	0´49	2 - davon 90% männlich	74:26	keine
Deutschlandfunk	52	3´11	5´00	2´11	3 - davon 83% männlich	85:15	20
HR1	39	2´59	7´00	1´10	4 - davon 75% männlich	75:25	18
Hundert,6	29	2`56	4´55	1´10	2 - davon 60% männlich	55:45	7
NDR1	18	1´43	5´50	1´20	3 - davon 78% männlich	78:22	5
Radio3	9	5´10	7´55	0´57	4 - davon 85% männlich	70:30	keine
Radio Bremen 2	22	4´16	4´55	2´00	4 - davon 75% männlich	54:46	8
SWR3	4	2´40	4´00	1´42	1 - davon 100% männlich	75:25	keine

(Tab. 7, Deutschlandfunk; gebaute Beiträge in Länge, Anzahl der O-Töne, Geschlecht des Sprechers und Vorhandensein von Umfragen; Auswertung der Programme vom 4. Juli 2000)

Die hohe Anzahl an gebauten Beiträgen ist angesichts des hohen Wortanteils im Programm nicht überraschend. Neben »trockenen«

Meldungen und Berichten, neben Interviews und längeren Sendeformen wie Reportage, Feature und Hörspiel nimmt der gebaute Beitrag einen breiten Raum ein. Die durchschnittliche Länge der gebauten Beiträge im Deutschlandfunk beträgt 3'11 Minuten. Vergli-
chen mit den anderen Hörfunkprogrammen ist das relativ lang, lediglich die beiden Einschaltprogramme Radio3 und Radio Bremen2 haben längere gebaute Beiträge vorzuweisen.

85 Prozent der Sprecher in den gebauten Beiträgen und 83 Prozent
der O-Töne sind männlich. In keinem der anderen untersuchten Programme wurden so häufig männliche Sprecher in den gebauten Beiträgen eingesetzt. Eine ähnlich negative Bilanz gilt für den Einsatz
von männlichen O-Tönen. Auch hier liegt der Deutschlandfunk mit
an der Spitze. Zu verweisen ist hier wiederum auf die These: je »härter« der Beitrag, desto mehr männliche O-Töne – analog zur Dominanz von Männern in Politik und Wirtschaft (vergleiche Seite 174).

20 Prozent aller gebauten Beiträge im Deutschlandfunk integrieren
eine Umfrage. Das ist im Vergleich zu den anderen Sendern eine auffallend hohe Prozentzahl und zeugt tendenziell von dem Bemühen,
das Wort durch O-Töne von zumeist Betroffenen anschaulicher und
lebendiger zu gestalten.

Sachliche Anmoderationen

Im Deutschlandfunk werden alle gebauten Beiträge anmoderiert. Die
Länge variiert zwischen fünf Sekunden und einer Minute. Nur in 25
Prozent der Fälle hat die Anmoderation »plaudernden« Charakter, im
Allgemeinen ist sie eher sachlich und ohne Emotionalität. Am Ende
der Anmoderation folgt standardmäßig die Nennung des Autorennamens. In 75 Prozent der Fälle arbeitet der Deutschlandfunk mit Abmoderationen. Diese beinhalten in der Regel Wiederholung des Autorennamens und Ortes, in einigen Fällen die Nennung des Themas und
nur selten weitere Informationen oder Kommentare.
Die häufigste Variante für den Einstieg in den gebauten Beitrag ist im
Deutschlandfunk ganz klar der Autorentext. Dieser Einstieg wurde in
80 Prozent aller gebauten Beiträge am Untersuchungstag gefunden.
Der Autorentext beginnt meistens mit einem Detail, mit einer kon-

kreten Schilderung oder einem engen Fokus, seltener mit einem allgemeinen Kontext oder mit einem weiten Horizont.

HR1

Der Hessische Rundfunk besaß früher mit HR1 ein familiär geprägtes
Vollprogramm mit politischen Magazinen, mit Hörspielen und Features, mit Sportsendungen, kirchlichen Sendungen und Kinderfunk.
Um nicht im Meer der Beliebigkeit unterzugehen, sollte das Programm trennschärfer werden. HR1 wurde zur Informationswelle für
die Zielgruppe der 40- 55-Jährigen umgewandelt. Die »verjüngte Musikfarbe«, Pop- und Oldie-Titel, der Informationswelle vertrieben einen Teil der älteren Stammhörer zu anderen Programmen.

Infowelle

Heute ist HR1 ganz klar eine »Informationswelle«. Gerüst des Programms sind die stündlichen Weltnachrichten, die viermal täglich auf
zehn Minuten erweitert werden in »hr-kompakt«. In der Prime Time
kommen Schlagzeilen zur halben Stunde hinzu und Informationen
und Berichte aus Hessen. Ansonsten ist das Programmprofil von HR1
geprägt von Magazinen und Journalen, die viel Raum bieten für die
Form des gebauten Beitrags. Die Themenbereiche: Politik, Wirtschaft
und Gesellschaft, Soziales und Kulturelles.

«informativ, aber experten-	Zahl der gebauten Beiträge	Durch- schnittli- che Länge in Minuten	Maximale Länge	Minimale Länge	Durch- schnitt O-Töne je gebau- tem Bei- trag	Ge- schlecht Sprecher männlich/ weiblich	Gebaute Beiträge mit Um- frage in %
Antenne Bayern	20	2´12	3´00	1´20	3 - davon 50% männlich	65:35	15
Bayern5	113	2´22	3´59	0´49	2 - davon 90% männlich	74:26	keine
Deutschland- funk	52	3´11	5´00	2´11	3 - davon 83% männlich	85:15	20
HR1	39	2´59	7´00	1´10	4 - davon 75% männlich	75:25	18
Hundert,6	29	2`56	4´55	1´10	2 - davon 60% männlich	55:45	7
NDR1	18	1´43	5´50	1´20	3 - davon 78% männlich	78:22	5
Radio3	9	5´10	7´55	0´57	4 - davon 85% männlich	70:30	keine
Radio Bremen 2	22	4´16	4´55	2´00	4 - davon 75% männlich	54:46	8
SWR3	4	2´40	4´00	1´42	1 - davon 100% männlich	75:25	keine

(Tab. 8, HR1; gebaute Beiträge in Länge, Anzahl der O-Töne, Geschlecht des Sprechers und Vorhandensein von Umfragen; Auswertung der Programme vom 4. Juli 2000)

Es gab am Untersuchungstag

- 39 gebaute Beiträge
- 43 Meldungen/Berichte
- 4 Kommentare
- 26 Interviews

Die Mischung innerhalb der Infosendungen war in der Regel durchdacht und ansprechend, Darstellungsformen wechselten, die gebauten Beiträge waren nicht immer auf die üblichen drei Minuten normiert und es gab Musik zur Entspannung.

Der Großteil der gebauten Beiträge wird als Kurzinfo eingesetzt. Themen sind:

- Jubiläen, Geburtstage
  Geburtstag Louis Armstrong, Tom Cruise, ehemaliger Justizminister von Plottniz hat Geburtstag
- Lokal- und Regionalthemen
  Frankfurter Innenstadt, Flüsse in Hessen sind sauberer geworden, Strompreise in Hessen, Blitze und Gewitter über Hessen, Reisende aus dem Ausland in Hessen, Lyrik auf Plakatwänden in Frankfurt
- Konzerte, Veranstaltungen
  Tina Turner Abschiedstournee, Goth-Musik, Goth-Festival in Leipzig
- Politische Themen
  Blue Card als Antwort auf die Greencard, Ermittlungen gegen Landgerichtspräsidenten, Verordnung aus Brüssel: Pferdepass, Urban 21, Rentenstreit Sommer 2000, Rundfunkgesetz in Hessen, Weltkonferenz zur Zukunft der Städte, Merkel kritisiert Kohl, Pflegeversicherung, Spanischer Ministerpräsident Felipe Gonzalez, Keine Einigung über Steuerreform, Rentenreform in SPD-Bundestagsfraktion, Chirac vor dem Europaparlament, Österreich plant Volksbefragung
- Wirtschaftsthemen
  Vorstellung des Bankenberichts
- Sportthemen
  Brasilien und die Bewerbung um die Fußball-WM, Ultramarathon
- Buntes, Skurriles
  Maggie Thatchers Handtasche kommt zur Auktion, Schlafsaal in Berlin eröffnet
- Servicethemen
  Entwicklung der Lebensmittel

Vorherrschend sind sowohl innen- und außenpolitische Themen als auch Lokal- und Regionalthemen.

Im Durchschnitt sind die gebauten Beiträge 2'59 Minuten lang. Auffallend ist die große Differenz zwischen minimaler und maximaler Länge der gebauten Beiträge auf HR1 – sie liegt zwischen 1'10 und 7 Minuten. Jenseits der Normierung und Formatierung haben Themen Raum, sich über das gewohnte Mittelmaß von drei Minuten hinaus auszubreiten.

In der Anmoderation – durchschnittlich 24 Sekunden lang – erfolgt in den meisten Fällen ein thematischer Aufriss. Die Moderatoren sind um eine kurze Zusammenfassung bemüht, häufig mit Nachrichtencharakter: Wer sagt was wo? Ergänzt wird diese Information häufig durch eine kurze Kontextherstellung – Einordnung des Themas in eine politische Debatte, in einen kulturellen Kontext. Oft geschieht das an Hand einer Zeitschiene wie zum Beispiel: »Die Rentendebatte begann im Sommer (...)«. Der Stil der Anmoderation schwankt zwischen sachlich und locker. Positiv auffallend ist das Bemühen der Moderatoren, den Kontext mit eigenen Worten zu umreißen und ihn damit für den Hörer verständlicher zu machen.

Expertenlastig

In den gebauten Beiträgen wird sehr häufig auf politische Experten zurückgegriffen, selten auf andere Experten, sehr selten auf Betroffene.

Die gebauten Beiträge auf HR1 sind eindeutig expertenlastig und die Dramaturgie entfaltet sich häufig zwischen eben diesen Expertenpositionen. Nur in sieben der neununddreißig Beiträge kommen Betroffene zu Wort, die dann allerdings häufig als »Quasi-Experten« auftreten. Wie bei den meisten Sendern, sind bei HR1 sowohl die Sprecherpositionen als auch die O-Töne männlich dominiert.

Abmoderationen kommen in der Regel nicht vor. Wenn abmoderiert wird, dann aus drei verschiedenen Beweggründen:

- Überleitungsfunktion
  die Abmoderation bildet eine Zwischenmoderation zu einem direkt folgenden nächsten Beitrag

- Hinweisfunktion
  die Abmoderation enthält einen Termin
- Wertungsfunktion
  die Abmoderation kommentiert

Hundert,6 – Das BerlinRadio

Hundert,6 sendet auf einem Markt, der ein ganz besonderer ist – der am härtesten umkämpfte in Europa – so heißt es. Nirgendwo sonst buhlen so viele Programme um die Gunst der Hörer wie in Berlin. Die Branche spricht von einem »Haifischbecken«. Den Markt in der Hauptstadt teilen sich über 30 Sender, davon 27 werbefinanziert. Und: Nirgends sonst in Deutschland hat der Privatfunk eine derart starke Stellung wie in Berlin. Die Hörfunk-Reichweite in Berlin betrug im Jahr 2000 für die Privaten 63,2 Prozent und für die Öffentlich-Rechtlichen 26,8 Prozent. Hundert,6 – bereits im April 1987 auf Sendung gegangen – rangiert auf dem Berliner Radiomarkt an siebter Stelle. Es versteht sich als informationsorientiertes Vollprogramm. Das Musik-Wort Verhältnis beträgt 60:40.

Die Form des gebauten Beitrags spielt, nach Aussagen der Redaktion, keine übergeordnete Rolle. Wer aktuell sein will, kann nicht immer auf gebaute Beiträge setzen. Die Vorzüge dieser Sendeform jedoch, Bereicherung der Sendefarbe und –temperatur, werden sehr wohl geschätzt und eingesetzt.

Obwohl Hundert,6 sich nicht als volles Formatradio versteht, gibt es tagsüber eine Stundenuhr:

Hundert,6 Stundenuhr	Sendung
00 – 08	Nachrichten
08 – 15	Wetter, Verkehr, Musik, Vorankündigung
15 – 30	Schlagzeilen, Wetter, Verkehr oder: »Der Tag in Berlin«, Lokalnachrichten in den Kompaktsendungen, gebaute Beiträge, Interviews, Meldungen
30 – 38	Schlagzeilen, Nachrichten
38 – 45	Verkehr, Wetter, Musik, Vorankündigungen
45 – 60	Schlagzeilen, Wetter, Verkehr, Vorankündigung, Kommentar, Interview, gebaute Beiträge

Das heißt: Raum für gebaute Beiträge ist in jeder Sendestunde zwischen viertel nach und halb und des Weiteren zwischen viertel vor bis zur vollen Stunde. Viermal pro Stunde gibt es Schlagzeilen und Nachrichten, mehrmals am Tage aktuelle Magazine.

Am untersuchten Tag gab es:

- 29 gebaute Beiträge
- 15 Interviews
- 38 Meldungen/Berichte
- 2 kurze Reportagen

Die Themen der gebauten Beiträge:

- Kirchenthemen
  Leben nach Gottes Ebenbild
- Sportthemen
  Alexander Popp in Wimbledon, Tour de France, Betende Sportler
- Lokal-, Regionalthemen
  Neue Kampfhunde-Verordnung für Berlin, Zukunft einer Berliner Grundschule, Report von Polizei- und Feuerwehreinsätzen, Senat beschließt Haltungsverbot für bestimmte Hunderassen, Berliner Do-

ping Prozess, Berlins SPD und PDS trafen sich zu öffentlicher Gesprächsrunde

- **Service**
  Jetlag, ehemaliger Wehrdienstleistender wartet auf Versorgungsgeld,
  Folsäure, Kosmetik-Spezialheft der Stiftung Warentest
- **Computerthemen**
  MP 3, Digitale Unterschrift, CD-Rom der Woche
- **Politische Themen**
  Wolfgang Schäuble, Finanzierungsmodelle zur Alterssicherung,
  Tschernobyl-Tagung, Angela Merkels Sommertour 2000
- **Konzerte, Veranstaltungen**
  Konzertbericht, Buchpräsentation Staatsoper Unter den Linden
- **Filmbusiness**
  Till Schweiger

Signifikant, aber nicht erstaunlich für einen Metropolsender, ist die
Dominanz der Lokal- und Regionalthemen. In den gebauten Beiträgen
wird vorwiegend das aufgegriffen, was in Berlin an den verschiedens-
ten Schauplätzen passiert: Senat, Konzerthalle, Gericht, Grundschule
und Polizei. Weiterhin auffällig: Es gibt mehrere Servicethemen, die
in der Form des gebauten Beitrags aufbereitet sind. Nah am Hörer,
Informant und Ratgeber in jeder alltäglichen Lebenslage – so lässt
sich die Dominanz von Lokal- und Servicethemen auf den Punkt
bringen.

Beachtliche Längen

Sowohl die Anzahl der gebauten Beiträge als auch ihre durchschnittliche Länge, vor allem jedoch ihre maximale Länge, sind für ein Privatradio beachtlich – beachtlich im Hinblick auf den Raum für das
nicht formatierte Wort.

Auffallend ist die Kürze der Anmoderation. Sie liegt mit durchschnittlich 18 Sekunden deutlich unter dem sonstigen Durchschnitt. Obwohl die Anmoderationen kurz sind, findet sich in fast allen eine
Inhaltsangabe respektive Kontextherstellung. In 75 Prozent verlaufen
die Anmoderationen vom Allgemeinen zum Besonderen, vom Horizont zum Fokus.

Die meisten Beiträge bei Hundert,6 werden im Übrigen auch abmoderiert, in der Hälfte der Fälle enthalten diese Abmoderationen neben
der Namensnennung des Autors weitere Zusatzinformationen. In
einigen Fällen findet auch eine kurze Bewertung durch den Moderator statt.

Viele weibliche Sprecher

Tendenziell ausgeglichen ist das Verhältnis zwischen weiblichen und
männlichen Sprechern im Beitrag – ebenso wie das Verhältnis von
weiblichen und männlichen O-Tönen im Beitrag. Ein ähnlich ausge-
glichenes Verhältnis zeigt sich ansonsten nur bei Antenne Bayern.
Durchschnittlich weist ein gebauter Beitrag zwei O-Töne auf. Das ist
im Vergleich zu anderen Sendern wenig.

«Betroffene kommen zu Wort»	Zahl der gebauten Beiträge	Durch-schnittli-che Länge in Minuten	Maximale Länge	Minimale Länge	Durch-schnitt O-Töne je gebau-tem Bei-trag	Ge-schlecht Sprecher männlich/ weiblich	Gebaute Beiträge mit Um-frage in %
Antenne Bayern	20	2´12	3´00	1´20	3 - davon 50% männlich	65:35	15
Bayern5	113	2´22	3´59	0´49	2 - davon 90% männlich	74:26	keine
Deutschland-funk	52	3´11	5´00	2´11	3 - davon 83% männlich	85:15	20
HR1	39	2´59	7´00	1´10	4 - davon 75% männlich	75:25	18
Hundert,6	29	2`56	4´55	1´10	2 - davon 60% männlich	55:45	7
NDR1	18	1´43	5´50	1´20	3 - davon 78% männlich	78:22	5
Radio3	9	5´10	7´55	0´57	4 - davon 85% männlich	70:30	keine
Radio Bremen 2	22	4´16	4´55	2´00	4 - davon 75% männlich	54:46	8
SWR3	4	2´40	4´00	1´42	1 - davon 100% männlich	75:25	keine

(Tab. 9, Hundert,6 – gebaute Beiträge in Länge, Anzahl der O-Töne, Geschlecht des Sprechers und Vorhandensein von Umfragen; Auswertung der Programme vom 4. Juli 2000)

Dramaturgisch arbeitet Hundert,6 vorwiegend mit einem Betroffe-nen-Experten-Schema. Dieses Schema ist bei Hundert,6 so durchgängig wie bei keinem anderen Sender. Vielleicht korrespondiert diese bevorzugte Dramaturgie Betroffener-Experte mit der häufigen Anzahl von zwei O-Tönen in den gebauten Beiträgen. Ein Betroffener kommt zu Wort und ein Experte nimmt Stellung dazu.

NDR1 Radio Niedersachsen

NDR1 hat sich als Heimatsender mit deutsch-melodiöser Musik unter den »erwachseneren« Zuhörern – ab 30 Jahre aufwärts, meistens jedoch über 50 Jahre – profiliert. NDR1 ist bei den Hörern im Norden Spitzenreiter und hat in Niedersachsen einen Marktanteil von 28,8 Prozent. Die Verbindung von deutsch-melodiöser Musik – auch DOM genannt: Deutsch, Oldies, melodiös – mit soften englischsprachigen Titeln, wie die regionale Berichterstattung haben das Programm zum Marktführer in Norddeutschland gemacht. Der Wortanteil ist stark regional geprägt, dass heißt, viele Beiträge stammen aus den zahlreichen Studios und Korrespondentenbüros und behandeln Themen »vor der Haustür«.

NDR1 – häufig als »Durchhörprogramm für ältere Zielgruppen« bezeichnet – wird in vier getrennten Landesprogrammen verbreitet, Welle Nord für Schleswig Holstein, Hamburg Welle für Hamburg, Radio Niedersachsen für Niedersachsen und Radio MV für Mecklenburg-Vorpommern. Radio Niedersachsen bietet an Werktagen zusätzlich je fünf Regionalfenster an.

Das Tagesprogramm von NDR1, Radio Niedersachsen, wird geprägt von stündlichen, morgens halbstündlichen Nachrichten unter dem Titel »Aktuell« und von großflächigen Magazinen mit regionalen Informationen, Tipps, Andachten, Landfunk, regionalem Wetterbericht, Stellenbörse und Wunschsendungen.

Gebauter Beitrag spielt zentrale Rolle

Der gebaute Beitrag spielt eine zentrale Rolle in allen Magazin-Programmen bei NDR1. Er wird gleichwertig mit anderen klassischen Beitragsformen – Interview, Reportage – eingesetzt, kommt aber weit häufiger vor. Bis zu drei gebaute Beiträge gibt es im Frühmagazin »Guten Morgen« und am Abend in den »Funkbildern aus Niedersachsen« gibt es circa sechs gebaute Beiträge pro Stunde.
Tagsüber dominieren die tagesaktuellen Themen, abends kommen vertiefend Schwerpunktsendungen wie auch Ratgebersendungen hinzu: »Unser Thema« oder »Kulturspiegel«.

Bei NDR1 ist der Anteil der freien Mitarbeiter außergewöhnlich hoch: 80 Prozent des Programms wird von ihnen geliefert. Allerdings kommen die Themenvorschläge selten von den Autoren selbst, zu 90 Prozent stammen sie aus der Redaktion.

NDR1, Radio Niedersachsen, ist unter den untersuchten Programmen dasjenige, welches die älteste Zielgruppe und gleichzeitig die höchste Tagesreichweite hat. Das Programm erreicht täglich über zweieinhalb Millionen Hörer. Der Wortanteil beträgt 30 Prozent. Darin enthalten sind – am Untersuchungstag – 18 gebaute Beiträge, was vergleichsmäßig im unteren Bereich liegt.

Hervorstechend in der Untersuchung ist die durchschnittliche Länge der gebauten Beiträge. Sie liegt bei 1'43 Minuten. Damit ist NDR1 das Programm, das die kürzesten Beiträge sendet.
Allerdings ist in dem Programm durchaus auch Raum für längere Beiträge, die Maximallänge beträgt 5'50 Minuten – mehr als in den meisten anderen Programmen.

Der Autorentext in den gebauten Beiträgen wird zu 78 Prozent von Männern gesprochen. Der Anteil der männliche O-Töne in den gebauten Beiträgen liegt ebenfalls bei 78 Prozent. Hier zeigt sich ein fehlender Blick für geschlechtsspezifische Ausgewogenheit.

«In der Kür-ze liegt die Würze»	Zahl der gebauten Beiträge	Durch-schnittli-che Länge in Minuten	Maximale Länge	Minimale Länge	Durch-schnitt O-Töne je gebau-tem Bei-trag	Ge-schlecht Sprecher männlich/ weiblich	Gebaute Beiträge mit Um-frage in %
Antenne Bayern	20	2´12	3´00	1´20	3 - davon 50% männlich	65:35	15
Bayern5	113	2´22	3´59	0´49	2 - davon 90% männlich	74:26	keine
Deutschland-funk	52	3´11	5´00	2´11	3 - davon 83% männlich	85:15	20
HR1	39	2´59	7´00	1´10	4 - davon 75% männlich	75:25	18
Hundert,6	29	2`56	4´55	1´10	2 - davon 60% männlich	55:45	7
NDR1	18	1´43	5´50	1´20	3 - davon 78% männlich	78:22	5
Radio3	9	5´10	7´55	0´57	4 - davon 85% männlich	70:30	keine
Radio Bremen 2	22	4´16	4´55	2´00	4 - davon 75% männlich	54:46	8
SWR3	4	2´40	4´00	1´42	1 - davon 100% männlich	75:25	keine

(Tab. 10, NDR1 (Radio Niedersachsen); gebaute Beiträge in Länge, Anzahl der O-Töne, Geschlecht des Sprechers und Vorhandensein von Umfragen; Auswertung der Programme vom 4. Juli 2000)

Radio3

Radio3 als öffentlich-rechtliches Sparten- und Einschaltprogramm mit klassischer Musik bedient eine an Kultur interessierte Minderheit. In dem Programm ist vor allem Platz für E-Musik-Sendungen. Radio3 ist das Ergebnis einer Kooperation von NDR, SFB und ORB. 1997 verschmolzen NDR3, Teile von SFB3 und Radio Brandenburg zu Radio3. Obwohl sich das Programm an eine Minderheit richtet, gibt es Konkurrenz in Form des privaten Klassik-Radios, das in Hamburg auch über Antenne empfangbar ist.

Die Form des gebauten Beitrags wird in der aktuellen Berichterstattung eingesetzt – in den Zeiten, in denen dafür ein Format vorgesehen ist: in dem zweistündigen Musikforum (14.00 Uhr - 16.00 Uhr), und in den Ausgaben des Kulturmagazins »Texte und Zeichen«, mittags (12.00 Uhr – 12.10 Uhr) und spätnachmittags (17.30 Uhr - 18.00 Uhr).

Die Redaktion arbeitet überwiegend mit festen freien Autoren zusammen, nur in Ausnahmefällen – wenn es thematisch begründet ist – mit freien Autoren. Auch die Themenvorgabe kommt zu 80 Prozent aus der Redaktion und nicht von den Autoren selber.

Themen der gebauten Beiträge:

- Geschichte des Museums für Musikinstrumente Brüssel
- Jubiläumsausstellung Rijksmuseum in Amsterdam
- Musik im Exil
- Robert Schumann und seine Oper Genoveva
- zehnjähriges Jubiläum Carl-Orff-Zentrum
- Nijinsky, Tanzlegende
- Der neue Circus in Berlin
- Skulpturenkünstlerin Isa Genzken
- Erfolg des Buena Vista Social Club

«Kultur braucht keine Betroffenen»	Zahl der gebauten Beiträge	Durch-schnittli-che Länge in Minuten	Maximale Länge	Minimale Länge	Durch-schnitt O-Töne je gebau-tem Beitrag	Ge-schlecht Sprecher männlich/ weiblich	Gebaute Beiträge mit Um-frage in %
Antenne Bayern	20	2´12	3´00	1´20	3 - davon 50% männlich	65:35	15
Bayern5	113	2´22	3´59	0´49	2 - davon 90% männlich	74:26	keine
Deutschland-funk	52	3´11	5´00	2´11	3 - davon 83% männlich	85:15	20
HR1	39	2´59	7´00	1´10	4 - davon 75% männlich	75:25	18
Hundert,6	29	2`56	4´55	1´10	2 - davon 60% männlich	55:45	7
NDR1	18	1´43	5´50	1´20	3 - davon 78% männlich	78:22	5
Radio3	9	5´10	7´55	0´57	4 - davon 85% männlich	70:30	keine
Radio Bremen 2	22	4´16	4´55	2´00	4 - davon 75% männlich	54:46	8
SWR3	4	2´40	4´00	1´42	1 - davon 100% männlich	75:25	keine

(Tab. 11, Radio3; gebaute Beiträge in Länge, Anzahl der O-Töne, Geschlecht des Sprechers und Vorhandensein von Umfragen; Auswertung der Programme vom 4. Juli 2000)

Nach Angaben von Radio3 wird die Form des gebauten Beitrags bevorzugt eingesetzt bei:

- komplexen Themen, bei denen in der Darstellung
  verschiedene Perspektiven berücksichtigt werden müssen
- Themen, die in der Darstellung viele Informationen, akustische Beispiele und authentische Aussagen erfordern
- Ereignissen, für die das Umfeld und die Atmosphäre be-
  deutend sind

Insgesamt finden sich am Untersuchungstag neun gebaute Beiträge
im Programm – eine relativ niedrige Zahl, wie zu erwarten war angesichts der Musikdominanz in diesem Programm. Im Durchschnitt sind
die gebauten Beiträge 5´10 Minuten lang. Damit hat Radio3 die längs-
ten gebauten Beiträge im Programm. Vom kulturinteressierten Hörer
erwartet man die Fähigkeit, länger zuzuhören – so die Begründung
der Programmmacher.

Lang, aber nicht langweilig

Entsprechend lang ist auch die Anmoderation, nämlich 49 Sekunden.
Die Anmoderationen sind durchweg sachlich gestaltet. Teilweise fällt
– im Gegensatz zu den anderen untersuchten Programmen –
Sprachwitz und eine gewisse Intellektualität in den Formulierungen
auf. Die Anmoderationen verlaufen in der Regel vom Allgemeinen
zum Besonderen, vom Horizont zum Fokus des anzukündigenden
Beitrags. Die meisten Anmoderationen enden mit der Nennung des
Autoren, der – sinngemäß – sich das Ereignis xy näher angesehen hat.
Die relativ hohe Zahl von durchschnittlich vier O-Tönen pro gebau-
tem Beitrag ist angesichts der ebenfalls hohen durchschnittlichen
Länge des Beiträge nicht verwunderlich.

Verwunderlich hingegen ist die Dominanz der männlichen Sprecher
in den gebauten Beiträgen. Erzwingen Kulturthemen die männliche
Stimme? Ähnlich sieht es bei den O-Tönen im gebauten Beitrag aus.
85 Prozent von ihnen stammen von Männern. Auch hier die Frage:
Sind es nur die Männer, die etwas zu sagen haben in Sachen Kultur?

Was die Dramaturgie der gebauten Beiträge anbelangt, so lässt sich feststellen, dass sie eindeutig expertenorientiert ist. In keinem der Beiträge kommen Betroffene zu Wort. Auch ein Pro- und Kontra-Schema ist selten auszumachen. In der Regel bestärken die O-Töne die Aussagen im Autorentext. Nur in zwei von zehn Beiträgen wird eine Opposition deutlich zwischen Autorentext und O-Tönen. Festzuhalten bleibt, dass in den gebauten Beiträgen auf Radio3 kaum unterschiedliche Meinungen dargestellt werden. Damit entsprechen sie dem Charakter des Feuilletons. Der Autor vertritt dezidiert seine manchmal kritische, manchmal affirmative, ästhetische Sichtweise. Hier macht sich gleichzeitig eine Differenz zur politischen Berichterstattung bemerkbar.

Radio Bremen2

Das zweite Programm von Radio Bremen (RB2) versteht sich als ausgesprochenes Kulturprogramm und richtet sich an eine spezifisch interessierte Minderheit – nach Angaben der Redaktion »an alle, für die Radio mehr ist als ein Hintergrundmedium.«
Politische und kulturelle Inhalte, Musik, die nicht unbedingt dem Mainstream entspricht, Klassik, Blues, Jazz, Folk, Fusion, Crossover, Journale über den Tag verteilt, Hörspiel und Feature gehören zum Programm des Senders. In der aktuellen Berichterstattung, »Journal am Morgen», »Journal am Abend«, arbeiten Politik- und Kulturredakteure in einer integrierten Redaktion zusammen.

2001 war Schluss

Das sprichwörtlich kleine, aber feine Programm gehört jedoch seit Ende 2001 der Vergangenheit an. Das angesehene und renommierte, aber wenig gehörte RB2 ist aufgegangen im neuen Nordwest-Radio. Radio Bremen und der Norddeutsche Rundfunk haben dieses neue regionale Programm gemeinsam entwickelt. Das Gemeinschaftsprogramm soll eine weitflächige Region mit »identitätsstiftenden«, bevöl-

kerungsnahen Informations- und Serviceangeboten lokaler Korrespondentenbüros versorgen. Jedenfalls soll es ein »qualitativ hochwer-
tiges Programm« sein, das einen Marktanteil von drei Prozent anvi-
siert.

Die empirische Auswertung des ehemaligen RB2-Programms wurde
trotz der aktuellen Entwicklung in die Untersuchung einbezogen. Die
erhobenen Daten dokumentieren – durchaus beispielhaft – Konzept
und Struktur eines anspruchsvollen Wortprogramms für eine Minderheit. Und dafür muss der öffentlich-rechtliche Rundfunk – qua
Gesetzesauftrag – auch Raum bieten.

Themenpalette der gebauten Beiträge:

- Lokal- und Regionalthemen
  Festival Cine Cubano in der Bremer Schauburg
- Kulturthemen
  Jüdisches Festival in Krakau, Poesieautomat von Enzensberger, Dos-
  tojewskis Wohnhaus
- Auslandsthemen
  Französischer Bauer kämpft gegen McDonald's, Schulsituation in
  London, Kinderheim in Rumänien
- Politische Themen
  Riester und seine Rentenreform, Urban 21, Steuerreform, Kohl und
  der Spendenausschuss

«lange Beiträge und expertenorientiert»	Zahl der gebauten Beiträge	Durchschnittliche Länge in Minuten	Maximale Länge	Minimale Länge	Durchschnitt O-Töne je gebautem Beitrag	Geschlecht Sprecher männlich/ weiblich	Gebaute Beiträge mit Umfrage in %
Antenne Bayern	20	2´12	3´00	1´20	3 - davon 50% männlich	65:35	15
Bayern5	113	2´22	3´59	0´49	2 - davon 90% männlich	74:26	keine
Deutschlandfunk	52	3´11	5´00	2´11	3 - davon 83% männlich	85:15	20
HR1	39	2´59	7´00	1´10	4 - davon 75% männlich	75:25	18
Hundert,6	29	2`56	4´55	1´10	2 - davon 60% männlich	55:45	7
NDR1	18	1´43	5´50	1´20	3 - davon 78% männlich	78:22	5
Radio3	9	5´10	7´55	0´57	4 - davon 85% männlich	70:30	keine
Radio Bremen 2	22	4´16	4´55	2´00	4 - davon 75% männlich	54:46	8
SWR3	4	2´40	4´00	1´42	1 - davon 100% männlich	75:25	keine

(Tab. 12, RB2; gebaute Beiträge in Länge, Anzahl der O-Töne, Geschlecht des Sprechers und Vorhandensein von Umfragen; Auswertung der Programme vom 4. Juli 2000)

Der gebaute Beitrag ist – beziehungsweise war – in diesem Programm die Regel. Daneben gibt es Reportagen, Glossen, Live-Berichte mit

Einspielungen, Gespräche und fast keine Aufsager. Am Tag der empirischen Analyse wurden 22 gebaute Beiträge gesendet.
Zeitlich gesehen sind die gebauten Beiträge relativ gleichmäßig über den ganzen Tag verteilt. Dass heißt: Es gibt keine Tageszeit, an der die Form des gebauten Beitrags offensichtlich besonders opportun wäre. Im Gegensatz zur Form des Interviews, das im Abendprogramm deutlich geringer vertreten ist als im Tagesprogramm.
Die durchschnittliche Länge der gebauten Beiträge liegt bei 4'16 Minuten. Ein einziger Beitrag um die Mittagszeit war 2'06 lang – länger als 6 Minuten jedoch waren einige Beiträge: Jüdisches Festival in Krakau 6'12, Französischer Bauer kämpft gegen McDonald's 9'10. Diese beiden Beiträge wurden im Vormittagsprogramm gesendet, am Nachmittag werden die gebauten Beiträge tendenziell kürzer, am Abend sind sie dann in der Regel alle um die drei Minuten. Dass heißt: Es gibt eine im Tagesverlauf abnehmende Länge der gebauten Beiträge.

Die Anmoderationen verlaufen in über 90 Prozent der Fälle vom Allgemeinen zum Besonderen – vom allgemeinen Kontext zum Detail. Auch für den Beitragseinstieg wird bei RB2 fast immer der konkrete Einstieg bevorzugt. Dazu wird häufig Atmo eingesetzt und der Sprecher beginnt mit einem Detail.
Dramaturgisch betrachtet wird in den gebauten Beiträgen häufig mit Experten gearbeitet – Experten,die interviewt werden, Experten, die eine dezidierte Meinung beisteuern und den Spannungsbogen aufbauen.

Ausgewogenes Geschlechterverhältnis

RB2 ist das einzige öffentlich-rechtliche Hörfunkprogramm, das ein nahezu ausgewogenes Verhältnis zwischen männlichen und weiblichen Sprechern in den gebauten Beiträgen vorweisen kann.
Anders sind die Relationen bei männlichen und weiblichen O-Tönen in den gebauten Beiträgen. Drei Viertel aller O-Töne stammen von Männern und nur ein Viertel von Frauen.
Radio Bremen arbeitet intensiv mit Freien zusammen. Bei »zettBeh« entstehen die Beiträge in der Regel auf der Basis einer redaktionellen

Vorplanung, bei der der Redakteur die Aspekte festlegt und sich dafür Autoren sucht.

Bei »Art & Weise« ist es in der zweiten Stunde ähnlich. In der ersten Stunde mit europäischem Bezug und in der dritten Stunde mit regionalem Bezug halten sich Auftrag und Angebote etwa die Waage. Aber auch bei der Planung monothematischer Sendungen werden natürlich Anregungen von Autoren aufgenommen.

SWR3

SWR3 ist das meistgehörte Programm in Südwestdeutschland und außerdem die nach Bruttowerbeumsatz drittstärkste Radiostation in Deutschland.

SWR3 ist das Nachfolgeprogramm von SWF3 und SDR3, das Ende 1998 auf Sendung gegangen ist. Zielgruppe sind die 14- 39-Jährigen. Das Programm zeigt sich konsequent durchformatiert.

Es ist nicht zu verleugnen, dass die Musik- und Jugendwellen der öffentlich-rechtlichen Rundfunkanstalten ihre Hörer nach dem Vorbild der Privatsender in bestimmten Musikformaten mit gekürzten Wortanteilen suchen. So weist denn der überaus erfolgreiche SWR3 nur noch 25 Prozent Wortanteil auf. Der ist stark moderatorenorientiert und hat des Weiteren als besonderes Kennzeichen eigenproduzierte Comedy und Radio-Comics.

Im SWR3-Programm spielen die Moderatoren generell eine große Rolle. Sie bringen Meldungen, sie haben Wortanteile bezüglich der gespielten Hitliste, bezüglich Stars und Showbusiness. Meldungen mit Nachrichtenwert sind eher selten. Unterhaltung wird dagegen groß geschrieben. Die Sendungen mit den meisten Beiträgen finden sich am Mittag und am Nachmittag.

Auf Service wird ebenfalls sehr viel Wert gelegt. Es gibt regelmäßig Wetter- und Verkehrsnachrichten und Veranstaltungstipps aus der Region. Live-Gewinnspiele und Musikwunschmöglichkeiten komplettieren das Angebot. Während einer Sendung können bis zu zwei Studiogäste anwesend sein.

Am Tag der Untersuchung gab es:

- 4 gebaute Beiträge
- 7 Interviews
- 13 Meldungen/Berichte
- 6 Reportagen

Auf Grund der geringen Anzahl der gebauten Beiträge lassen sich kaum allgemeine Interpretationen vornehmen. Die niedrige Anzahl korreliert mit dem niedrigen Wortanteil des Programms.

Obwohl der gebaute Beitrag zahlenmäßig eine geringe Rolle spielt, wird er dennoch im SWR3-Programm sehr ernst genommen. Wert wird auf eine eigene unverwechselbare SWR3-Handschrift gelegt. Es wird eine eigene Reportercrew gepflegt mit eigener Schulung, um SWR3-spezifische Beiträge zu erhalten. »ARD-Massenware wird ungern gesendet«, sagt Thomas Jung, der die Ressortleitung Reporter inne hat.

O-Ton muss was bringen

In der Frühshow spielt der gebaute Beitrag keine Rolle, eher zwischen 9.00 und 19.00 Uhr. Von den Themen her stehen im Allgemeinen tagesaktuelle Inhalte im Vordergrund. Thomas Jung konkretisiert: »Katastrophen, eigene Events, investigative Stücke, Musikbeiträge, Streit-Themen, immer dann, wenn der O-Ton etwas bringt«. Zumindest muss es einen aktuellen Aufhänger geben. Zeitlosere Geschichten werden am Wochenende gesendet.

«gebaute Beiträge sind selten»	Zahl der gebauten Beiträge	Durch-schnittli-che Länge in Minuten	Maximale Länge	Minimale Länge	Durch-schnitt O-Töne je gebau-tem Bei-trag	Ge-schlecht Sprecher männlich/ weiblich	Gebaute Beiträge mit Um-frage in %
Antenne Bayern	20	2´12	3´00	1´20	3 - davon 50% männlich	65:35	15
Bayern5	113	2´22	3´59	0´49	2 - davon 90% männlich	74:26	keine
Deutschland-funk	52	3´11	5´00	2´11	3 - davon 83% männlich	85:15	20
HR1	39	2´59	7´00	1´10	4 - davon 75% männlich	75:25	18
Hundert,6	29	2`56	4´55	1´10	2 - davon 60% männlich	55:45	7
NDR1	18	1´43	5´50	1´20	3 - davon 78% männlich	78:22	5
Radio3	9	5´10	7´55	0´57	4 - davon 85% männlich	70:30	keine
Radio Bremen 2	22	4´16	4´55	2´00	4 - davon 75% männlich	54:46	8
SWR3	4	2´40	4´00	1´42	1 - davon 100% männlich	75:25	keine

(Tab. 13, SWR3; gebaute Beiträge in Länge, Anzahl der O-Töne, Geschlecht des Sprechers und Vorhandensein von Umfragen; Auswertung der Programme vom 4. Juli 2000)

SWR3 arbeitet überwiegend mit festen freien Autoren zusammen, zu
etwa 80 Prozent. Der Rest kommt aus der Redaktion selbst und von
freien Autoren.

Jeder Reporter von SWR3 bekommt ein Sheet an die Hand, in dem er
SWR3 Beitrags-Regeln findet:

- Guter Einstieg: spannend, überraschend, Emotion, O-Ton,
  Hörer mitreißen, setzt ihn unter Strom. Ist der Anfang
  langweilig, war's das ... Der Hörer muss den Eindruck ha-
  ben, dass permanent etwas passieren wird!
- Der Beitrag muss eine Dramaturgie, einen Spannungsbo-
  gen haben, der den Hörer nicht mehr loslässt. Erzeugt
  Stress, Druck, Neugierde ...
- Klare, einfache Sprache, keine „Zöpfe" oder „Bilder", aber
  prägnante Vergleiche.
- Bei einem Aspekt bleiben, kein Rundumschlag.
- Pointe am Ende (intelligenter Gag, der Hörer lacht erst,
  wenn die Musik läuft).
- Vorher über den Beitrag, Inhalte und die Recherche Ge-
  danken machen, Planung statt reiner Zufall! Jeder Beitrag,
  jedes Thema hat seine spezifische Form, wie über ein
  Drehbuch nachdenken! Bei Hörern im Kopf Bilder erzeu-
  gen, erzählen, schildern (KINO im KOPF)!
- Selbstkritisch sein, Manuskript gegenlesen lassen, Beiträge
  am nächsten Tag noch mal mit Distanz abhören!
- O-Ton nicht des O-Tons wegen, auch mal wegwerfen!
- Die Beiträge sollen frech sein, provozieren, polarisieren.
- Sprachlich bitte am News-Paper der SWR3-Bibel orientie-
  ren, ganz normale Sprache (als wenn ihr die Geschichte
  einem Freund erzählt)!
- Selbstabsage: N.N., SWR3, Ort, das heißt beispielsweise
  »Stefan Scheurer, SWR3 Frankfurt«.
- Und nicht »in« oder »für« oder Ähnliches.
- Keine KollegInnen kopieren, entwickelt Euren eigenen
  Stil! „Kopien" können nur schlechter sein und im Zweifels-
  fall werden sie danebengehen!
- GLOSSEN sind eine sehr schwierige Form, in doubt let out!
- Wer nicht (sprach-)witzig ist, bitte darauf verzichten!

- Nutzt Tageszeitungen, das Pressearchiv und das Internet für Recherchen!
- Kommt bitte auf Konferenzen mit eigenen Vorschlägen und Ideen, Ihr seid nicht nur Dienstleister!

11. Ausblick: Das Wort wird bleiben – Zur Zukunft des gebauten Beitrags

In allen Medien ist ein Trend in die gleiche Richtung zu erkennen:

- Zeitungen und Zeitschriften sind bunter und bebilderter geworden
- Das Fernsehen ist schneller und schriller geworden
- Radio ist kürzer und knackiger geworden

Formatiertes Musikradio

Radio – das ist heutzutage formatiertes Musik-Radio. Und das vor allem bei den Privaten. Aber auch die größten der über 60 öffentlich-rechtlichen Sender sind erfolgreich mit Pop und Service – mehr Musik, weniger Wort, kaum anspruchsvolle Berichte über 3'30 Minuten. Radio ist das klassische Nebenbei-Medium geworden – mit immer größerem Zuspruch. Vor dieser Entwicklung die Augen zu verschließen, hieße: den Kopf in den Sand zu stecken.

Hörer haben das Wort im Radio wieder entdeckt

Gleichzeitig jedoch – und dazu durchaus nicht im Widerspruch ste-
hend – zeigt sich ein ganz anderer Trend: Hörer goutieren das Wort
im Hörfunk, sie finden Geschmack an journalistischen Inhalten. Bundesweit haben die ARD-Sender, die Kultur- und Wortbestandteile in
ihrem Programm konsequent weiterentwickelt haben, Hörer hinzugewonnen. Sie zeigen ihre Attraktivität in einem Bereich, den der
Privatfunk nicht zu wirtschaftlichen Konditionen anbieten kann.
Selbstbewusstsein und Konzentration auf die Stärken des Wortprogramms, lautet die Devise.

Wortgewalt statt Musikgemisch

Die Info-Sender mit gewichtigen und inhaltsreichen Wortanteilen
zeigen stabile bis steigende Hörerzahlen. Sie haben ihr Publikum
gefunden. Die Informationsprogramme der ARD erreichten im Jahr
2000 einen Marktanteil von 6,8 Prozent oder 4,32 Millionen Hörern.

Erfolgsbeispiel Deutschlandfunk

Sehr interessant sind in diesem Zusammenhang die Zahlen des
Deutschlandfunks, der im Jahr 2001 in seiner fast 40-jährigen Geschichte erstmals die Schallgrenze von einer Million Hörer pro Tag
durchbrochen hat. »Entgegen vielen Kassandrarufen stellt die anspruchsvolle Hörerschaft keine aussterbende Art dar«, stellt der Pro-
grammchef des Deutschlandfunks, Günter Müchler, fest. Er glaubt,
dass die Tendenz zur Verflachung und »Entwortung« im Hörfunk den
Informationssendern letztlich Hörer zugetrieben hat.
Beim Deutschlandfunk ist man ohnehin unbeirrt der Ansicht, dass das
Wort im Radio eine starke Zukunft hat. Ernst Elitz, Intendant des
Deutschlandfunks, freut sich über die »zunehmende Wertschätzung
des Publikums für einen seriösen werbefreien Journalismus und mo-
derne Radio-Kulturangebote«.

Private halten Wort

Aber auch in den musikdominierten Tagesbegleitprogrammen zeigt sich ein Trend zur Abkehr von hektischen und schrillen Stimmen, die ihre 90-Sekunden-Beiträge mit atemloser Scheinauthentizität hinaushecheln und damit vergeblich versuchen, die schnellen Bildschnitte des Fernsehens zu imitieren. Die Zeiten, in denen einzig und allein viel Popmusik und flott-fetzige Moderation als Allheilmittel erschienen, sind vorbei. Der Trend, aus Quotengründen Wortbeiträge aus dem Programm zu nehmen, ist nicht mehr eindeutig auszumachen. Beispiel Berlin: Auf dem härtesten Radiomarkt Deutschlands sind es ausgerechnet Privatsender wie Radio Hundert,6 – die durch gezielte Informationsprogramme versuchen, attraktiv zu sein und Hörer an sich zu binden.

Die zukünftige Rolle des gebauten Beitrags

Insgesamt – so lässt sich sagen – sind die Zukunftsperspektiven für die Form des gebauten Beitrags im öffentlich-rechtlichen Rundfunk außerordentlich gut. In Informationsprogrammen, in Sparten- und Einschaltprogrammen, aber auch in musikdominierten Tagesbegleitprogrammen gewinnt der gebaute Beitrag – gegenüber dem Bericht und dem Interview – zunehmend an Gewicht, weil er unbestreitbare Vorzüge zu bieten hat. Das sind zum Beispiel seine lebendige Darstellungsform, die Möglichkeit der komprimierten Information, die authentische Aussage durch Originaltöne und die quasi-farbige Illustration durch Atmo und Geräusche. Das Profil des gebauten Beitrags hängt von den jeweiligen Formatvorgaben ab. Gudrun Sachs, Redakteurin bei HR1, bringt die Unterschiede griffig auf den Punkt:

»In den öffentlich-rechtlichen Programmen werden gebaute Beiträge zum Beispiel kaum mit einem Musikteppich unterlegt – bei den Privaten durchaus. Bei den Hauptprogrammen werden peppiger aufbereitete Beiträge – das betrifft sowohl Musik, Schnittdramaturgie, Text und O-Töne – zu finden sein als in einem Kulturprogramm, in dem auch längere Sendeformen die Regel sind. Ein schräger Ansatz der Umsetzung wird eher bei einem Jugendradio zu finden sein. Und: Reine Wortbeiträge von drei Minuten oder länger sind mittlerweile im

formatierten Radiogeschäft undenkbar – im Spartenprogramm der so
genannten Wortradios dagegen die Regel.«

Im Privatfunk waren die Zukunftsperspektiven für die Form des gebauten Beitrags von Anfang an bescheiden. In vielen privaten Format-
Radios ist kein Raum beziehungsweise keine Zeit für gebaute Beiträge. Stefanie Nies, Redakteurin bei Hundert,6:

> »Der worttötende Drang, immer mehr – billige – Musik zu machen
> und immer weniger – teure – Journalisten im Programm einzusetzen,
> greift um sich – etwa in der Medienhauptstadt Berlin. Dort tauchen
> immer dieselben Mikrofone auf den Tischen auf – gewisse Sender
> finden nie einen Weg zu Pressekonferenzen.«

Diese Feststellung gilt aber keinesfalls für alle privaten Hörfunkanbie-
ter. Die weitere Entwicklung, was Wort- und Informationsanteile im
Programm der Privatsender anbelangt, bleibt abzuwarten. Sie findet
statt zwischen noch heißerer Musikrotation und Rückbesinnung auf
die spezifischen Stärken des Wortes im Hörfunk.

Prognose: der gebaute Beitrag kommt häufiger, aber kürzer

Auch in Zukunft wird der gebaute Beitrag seinen festen Platz haben
in jedem journalistisch anspruchsvollen Programm. Die Zahl der gebauten Beiträge wird tendenziell eher noch zunehmen. Veränderte
Hörgewohnheiten jedoch werden dazu führen, dass die gebauten
Beiträge kürzer werden.

Literaturtipps

Ahlke, Karola/ Hinkel, Jutta: Sprache und Stil. Ein Handbuch für Journalisten, Konstanz 2000

Arnold, Bernd-Peter: ABC des Hörfunks, Konstanz 1999, darin: Der gebaute Beitrag, (S. 168 – S. 177)

Arnold, Bernd-Peter/ Siegfried Quandt (Hg.): Radio heute. Die neuen Trends im Hörfunkjournalismus, Frankfurt a.M. 1991

Bakenhus, Norbert: Das Lokalradio. Ein Praxis-Handbuch für den lokalen und regionalen Hörfunk, Konstanz 1996

Bauer, Helmut G./ Ory, Stephan: Hörfunk-Jahrbuch 2000/2001, Berlin 2001

Blittkowsky, Ralf: Online-Recherche für Journalisten, Konstanz 1997

Böckelmann, Frank/ Mahle, Walther,A.: Hörfunk in Deutschland, Berlin 1999

Brünjes, Stephan/ Wenger, Ulrich: Radio-Report. Programme, Profile, Perspektiven, München 1998

Buchholz, Axel: Bericht mit O-Ton, in: La Roche, Walter von/ Bucholz, Axel: Radio-Journalismus (Hg.). Ein Handbuch für Ausbildung und Praxis im Hörfunk, München 2000

Clobes, Heinz G./ Paukens, Hans/ Wachtel, Karl (Hg.): Bürgerradio und Lokalfunk. Ein Handbuch, München 1992

Cornelißen, Waltraud/ Gebel, Christa: Gleichberechtigung on air? Zur Präsentation von Männern und Frauen im niedersächsischen Hörfunk, Berlin 1999

Dahl, Peter: Radio. Sozialgeschichte des Rundfunks für Sender und Empfänger, Reinbek bei Hamburg 1983

Dussel, Konrad: Deutsche Rundfunkgeschichte. Eine Einführung, Konstanz 1999

Goldhammer, Klaus: Hörfunk und Werbung. Entwicklung und Perspektiven des Hörfunkmarktes Berlin-Brandenburg, Berlin 1998

Haas, Michael H./ Frigge, Uwe/ Zimmer, Gert: Radio-Management. Ein Handbuch für Radio-Journalisten, München 1991

Haller, Michael: Die Reportage. Ein Handbuch für Journalisten, Konstanz 1997

Haller, Michael/ Belz, Christopher/ Sellheim, Armin: Berufsbilder im Journalismus. Von den alten zu den neuen Medien, Konstanz 1999

Haller, Michael: Recherchieren. Ein Handbuch für Journalisten, Konstanz 2000

Haller, Michael: Das Interview. Ein Handbuch für Journalisten, Konstanz 2001

Haller, Michael: Recherche-Werkstatt, Konstanz 2001

Häusermann, Jürg/ Käppeli, Heiner: Rhetorik für Radio und Fernsehen, Aarau und Frankfurt a.M. 1986

Häusermann, Jürg: Journalistisches Texten. Sprachliche Grundlagen für professionelles Informieren, Konstanz 2001

Holznagel, Bernd/ Vesting, Thomas: Spartenprogramme und Zielgruppenprogramme im öffentlich-rechtlichen Rundfunk, insbesondere im Hörfunk, Baden-Baden 1999

Horsch, Jürgen/ Ohler, Josef/ Schwiesau, Dietz (Hg.): Radio-Nachrichten. Ein Handbuch für Ausbildung und Praxis, München, 1994

Klawitter, Gerd: Privater Rundfunk in Deutschland. Entstehung, Situation, Zukunft, Meckenheim 1996

Kopetzky, Helmut: Stimme als Werkstoff. Über den Umgang mit Originalton, in: medium, Zeitschrift für Hörfunk, Fernsehen, Film, Presse, Heft 6, Frankfurt am Main 1981

Kurze Welle – lange Leitung. Texte zur Radioarbeit, Hamburg 1998

La Roche, Walther von/ Buchholz, Axel: Radio-Journalismus (Hg.). Ein Handbuch für Ausbildung und Praxis im Hörfunk, München 2000

Lang, Michael/ Gödde, Ralf: Das Journalistenbüro. Teamkonzepte für freie Journalisten, Konstanz 2000

Linke, Norbert: Radio-Lexikon. 1200 Stichwörter von A-cappella-Jingle bis Zwischenband, München 1997

Machatschke, Roland: Bericht im Radio, S. 80 – S. 84, in: Pürer, Heinz (Hg.): Praktischer Journalismus in Zeitung, Radio und Fernsehen, Konstanz 1996

Manhart, Lothar: Hörfunk- und Fernsehberufe. Mit Ausbildungswegen, München 1999

Mast, Claudia (Hg.): ABC des Journalismus. Ein Leitfaden für die Redaktionsarbeit, Konstanz 2000

Mendack, Susanne: Berufsfeld Journalismus, Printmedien, Hörfunk und Fernsehen, Neue Medien, Regensburg 1997

Merten, Klaus/ Gansen, Petra/ Götz, Markus: Veränderungen im dualen Hörfunksystem. Vergleichende Inhaltsanalyse öffentlich-rechtlicher und privater Hörfunkprogramme in Norddeutschland, Münster 1995

Meyn, Hermann: Massenmedien in Deutschland, Konstanz 2001

Muckenhaupt, Manfred (Hg.): Medienwissenschaft – Medienpraxis, Tübingen 1995

Platho, Rolf: Fernsehen und Hörfunk transparent. Recht, Wirtschaft, Programm, Technik, München 2000

Privater Hörfunk in Deutschland. Zur Situation des dualen Rundfunksystems und en Rahmenbedingungen des Wettbewerbs, Berlin 1996

Prüfig, Katrin: Formatradio – ein Erfolgskonzept? Ursprung und Umsetzung am Beispiel Radio FFH, Berlin 1993

Pürer, Heinz (Hg.): Praktischer Journalismus in Zeitung, Radio und Fernsehen, Konstanz 1996

Reiners, Ludwig: Stilfibel, München 1990

Rager, Günther/ Werner, Petra/ Weber, Bernd: Arbeitsplatz Lokalradio. Journalisten im lokalen Hörfunk in Nordrhein-Westfalen, Opladen 1992

Rico, Gabriele L.: Garantiert schreiben lernen. Sprachliche Kreativität methodisch entwickeln – ein Intensivkurs auf der Grundlage der modernen Gehirnforschung, Reinbek 1984

Schneider, Wolf: Deutsch für Profis, Hamburg 1982

Schönbach, Klaus/ Goertz, Lutz: Radio-Nachrichten: bunt und flüchtig? Eine Untersuchung zu Präsentationsformen von Hörfunknachrichten und ihren Leistungen, Berlin 1995

Schwanebeck, Axel/ Ackermann, Max: Radio erobert neue Räume. Hörfunk: global, lokal, virtuell, München 2001

Stuiber, Heinz-Werner: Medien in Deutschland, Bd. 2: Rundfunk, Konstanz 1998

Sturm, Robert/ Zirbik, Jürgen: Die Radio-Station. Ein Leitfaden für den privaten Hörfunk, Konstanz 1996

Trebbe, Joachim/ Maurer, Torsten: Hörfunklandschaft Niedersachsen 1998. Eine vergleichende Analyse der öffentlich-rechtlichen und privaten Radiosender, Berlin 1999

Wachtel, Stefan: Schreiben fürs Hören. Trainingstexte, Regeln und Methoden, Konstanz 2000
Wachtel, Stefan: Sprechen und Moderieren in Hörfunk und Fernsehen, Konstanz 2000
Zehrt, Wolfgang: Hörfunk-Nachrichten, Konstanz 1996

Zindel, Udo/ Rein, Wolfgang: Das Radio-Feature. Ein Werkstattbuch, Konstanz 1997

Register

Praktischer

Hörfunk

Bernd-Peter Arnold
ABC des Hörfunks
1999, 342 Seiten, br.
ISBN 3-89669-261-5

Wolfgang Zehrt
Hörfunk-Nachrichten
1996, 240 Seiten, br.
ISBN 3-89669-026-4

Udo Zindel
Wolfgang Rein (Hg.)
Das Radio-Feature
Ein Werkstattbuch
inklusive CD mit Hörbeispielen
1997, 380 Seiten, br., 33 sw. Abb.
ISBN 3-89669-227-5

Robert Sturm
Jürgen Zirbik
Die Radio-Station
Ein Leitfaden für den
privaten Hörfunk
1996, 384 Seiten, br.
ISBN 3-89669-003-5

Michael H. Haas
Uwe Frigge
Gert Zimmer
Radio-Management
Ein Handbuch für Radio-Journalisten
1991, 792 Seiten, br.
ISBN 3-89669-016-7

Norbert Bakenhus
Das Lokalradio
Ein Praxis-Handbuch für den
lokalen und regionalen Hörfunk
1996, 296 Seiten, br.
ISBN 3-89669-004-3

Heinz Günter Clobes
Hans Paukens
Karl Wachtel (Hg.)
Bürgerradio und Lokalfunk
Ein Handbuch
1992, 240 Seiten, br.
ISBN 3-89669-022-1

Stefan Wachtel
**Sprechen und Moderieren in
Hörfunk und Fernsehen**
inklusive CD mit Hörbeispielen
2000, 216 Seiten, br.
ISBN 3-89669-290-9

Stefan Wachtel
Schreiben fürs Hören
Trainingstexte, Regeln
und Methoden
2000, 196 Seiten, br.
ISBN 3-89669-309-3

Journalismus

Fernsehen

Ruth Blaes
Gregor Alexander Heussen (Hg.)
ABC des Fernsehens
1997, 488 Seiten, br., 25 sw. Abb.
ISBN 3-89669-029-9

Robert Sturm, Jürgen Zirbik
Die Fernseh-Station
Ein Leitfaden für das Lokal-
und Regionalfernsehen
1998, 490 Seiten, br.
ISBN 3-89669-210-0

Michael Steinbrecher
Martin Weiske
Die Talkshow
20 Jahre zwischen Klatsch
und News.
Tips und Hintergründe
1992, 256 Seiten, br.
ISBN 3-89669-020-5

Hans Dieter Erlinger u.a. (Hg.)
Handbuch des Kinderfernsehens
1998, 628 Seiten, br., 35 sw. Abb.
ISBN 3-89669-246-1

Hans-Peter Gumprecht
Ruhe Bitte!
Aufnahmeleitung bei Film
und Fernsehen
1999, 266 Seiten, br.
ISBN 3-89669-262-3

Robert Sturm, Jürgen Zirbik
Lexikon elektronische Medien
Radio – Fernsehen – Internet
inklusive CD-ROM mit Film-,
Bild- und Hörbeispielen
2001, 248 Seiten, br.
ISBN 3-89669-252-6

Internet

Klaus Meier (Hg.)
Internet-Journalismus
Ein Leitfaden für ein neues Medium
1999, 360 Seiten, br.
ISBN 3-89669-263-1

Ralf Blittkowsky
Online-Recherche für Journalisten
1997, 336 Seiten, br.
ISBN 3-89669-209-7

Wir sind vom Fach
UVK Verlagsgesellschaft
www.uvk.de

Rundfunkentwicklung in Deutschland

Heinz-Werner Stuiber

Medien in Deutschland
Band 2: Rundfunk
(in 2 Teilbänden)
1998, 1170 Seiten, br.
ISBN 3-89669-032-9

Die Etablierung von Hörfunk und Fernsehen als duales Kommunikationssystem markiert einen Wendepunkt der Rundfunkentwicklung in Deutschland. Deshalb ist es sinnvoll, diese Entwicklung jetzt nachzuzeichnen, die technischen Voraussetzungen und die rechtlichen Grundlagen zu klären.

Das Werk beleuchtet im 1. Teil die Geschichte des Rundfunks in ihren technischen, gesellschaftspolitischen, rechtlichen und theoretischen Dimensionen.

Der 2. Teil stellt die privaten und öffentlich-rechtlichen Organisationsmodelle dar und beschreibt deren Finanzierung, Programmstrukturen und -grundsätze, die sich zunehmend differenzierenden Programmformen, die Nutzung der Rundfunkangebote und diskutiert abschließend in einem kritischen Resümee und Ausblick die aktuelle Lage der Rundfunkpolitik.

Heinz-Werner Stuiber ist Professor für Kommunikationswissenschaft an der Ludwig-Maximilians-Universität München.

Wir sind vom Fach
UVK Verlagsgesellschaft

www.uvk.de